# 「築地ホテル館」物語

日本初の外国人専用
本格的ホテルをつくった
幕末維新の男たち

永宮和
Kazu Nagamiya

原書房

# 「築地ホテル館」物語

日本初の外国人専用本格的ホテルをつくった幕末維新の男たち

# 序――悲運のホテル

## ●銀座大火

明治五年二月二六日（一八七二年四月三日）。東京に春の嵐が吹き荒れた。残桜の花びらが吹雪のように舞い、家々の戸板や障子は鳴り続けたことだろう。申《さる》の初刻（午後三時）ごろだった。皇城《こうじょう》和田倉門内の兵部省添屋敷《ひょうぶしょうそえやしき》で失火があった。火は西北の強風に煽られて広がり、近くの大蔵省紙幣寮、旧岡山藩邸、旧高知藩邸に延焼した。

火の手はさらに、丸の内一帯の大名屋敷を接収、転用した明治政府陸軍屋敷地に広がり、外濠をも軽々と越えて銀座一帯を舐めつくした。火災はそれでもおさまらなかった。掘割をはさんだ木挽町《こびきちょう》から築地までをつぎつぎと呑みこんでいって、商業中心地域の南三分の一を焼け野原にした。ようやく鎮火がなったのは夜中だった。

火元となった兵部省屋敷は、明治新政府が旧会津藩上屋敷を接収して転用したものだった。

「戊辰戦争で散っていった会津藩兵の怨念にちがいない」

そんな噂も庶民のあいだに広がったという。

大火は、新都機能の構築にいそしむ明治政府に多大な打撃を与えた。被害規模は焼失面積九五万平方メートル、省庁・公館一三棟、政府関係者居宅三四棟、旧藩邸六棟、寺院五八カ所、町家四八七九戸というもので、約二万人が焼けだされた。それはのちに「銀座大火」と呼ばれることになった。

この大火で、幕末日本の外交史、都市文化史、建築史に名を刻んだひとつの建築が全焼し、再建されることなく姿を消していった。「築地ホテル館」である。慶応四年八月（一八六八年一〇月、こののちすぐに明治に改元）に築地の海辺に誕生した外国人専用ホテルだった。

日本ではじめての本格的ホテルで、江戸でも初、日本人の手でつくられたものとしても初という施設だ。江戸に外国人の利用に足るようなホテルがまったくない状況を憂慮した欧米列強の強い圧力によって、幕府が渋々その建設を決めたのだった。

　ところが幕府はすでに破産状態で、それを自前で建てる財政余裕などまったくない。そこで、土地を無償提供することにして、民間から希望事業者を募ることになった。

民間の事業者は社中をつくり、株制度によって資金を集め、ホテルを建てて経営していくという新手法を用いることになったのである。いってみれば、現在のPPP（公民連携）、PFI（民間資金等活用）といった制度のご先祖だ。発案者は、万延元年（一八六〇）の遣米使節に目付として加わり、アメリカで資本経済制度を学んできた幕府勘定奉行の小栗《おぐり》上野介忠順《こうずけのすけただまさ》だった。

　そしてこの募集に勇躍手をあげたのが、清水屋（清水建設の創業時屋号）棟梁の二代清水喜助《きすけ》だった。

　ホテル建設は、イギリス公使館の指定によってアメリカ人建築家のリチャード・P・ブリジェンスが意匠および基本設計をおこない、清水屋が実施設計と施工を担当する枠組みで進められることになった。清水屋は、その事業遂行のための株仲間を集めて社中を結成した。この社中は完成後の建物を引き継いで経営も手がけることになっていた。

　幕府外国奉行所が列強と折衝をおこなって建築条件を決めた半官半民の体裁だったが、しかし幕府がそれ以上にこの事案にかかわることはいっさいなく、実質的には社中による単独事業として遂行されていくことになる。用地には、直前に火災で焼け落ちていた築地軍艦操練所の跡地があてがわれた。

こうして建てられたホテルは、江戸前の海に臨む一〇二室を擁する立派なもので、敷地内には交易広場や日本庭園も設けられた。江戸庶民の話題を一気にさらった新時代の建築は、江戸東京の名所となって錦絵が売れに売れた。

コロニアル様式の優美な建物は、耐火性が強い海鼠《なまこ》壁で外壁の大部分が覆われ、和洋折衷の意匠が鮮烈な印象を与えた。しかしその海鼠壁も、あっというまに一帯を呑みこんだ激烈な大火には抗しきれるはずもなかった。強風の助けを得た火焔は、壁の隙間から内部へと軟体動物のように侵入していく。全焼までにそれほど時間はかからなかっただろう。

## ◉新たな時代

幸いだったのは、滞在客がいなかったことである。ホテルはすでに廃業し、建物が海軍省に払い下げられて再利用の方策が練られていた最中のことだった。

廃業に追いこまれた要因は、ホテル敷地に隣接した築地外国居留地の外国商会の誘致不振にあった。安政五カ国条約での約定として、列強が幕府にその開設を断固として求め、明治元年までずれこんでようやく造成が完了した外国居留地。ところがふたを開けてみれば、横浜から築地居留地に活動拠点を移してくる外国商会はほとんどなかった。開港されていない江戸＝東京で交易をやるにしても、開港場である横浜にまず船を入れて、荷を通関させる必要がある。横浜から築地まで荷を運ぶにしても、水深の浅い江戸の海は品川沖までしか大型船を入れることができない。

さらに居留地開設促進の阻害要因となったのが、治安の悪さだった。建設計画が持ちあがったころはまだ攘夷派が勢いを持っていたし、維新の政局混乱に乗じた打ちこわしも方々で起こっていた。

「わざわざ不便で物騒な江戸にいく必要はない。拠点は横浜に置いたままでいい」

外国商人たちはそう判断したのだ。さらに、このころには新橋～横浜間鉄道の開通も現実的となっていたので、なおさら無理して江戸に詰める必要もなかった。だから築地居留地が商人でにぎわうことはなく、築地ホテル館での宿泊や飲食の需要がほとんど生まれてこなかった。

だがのちに明治政府が不平等条約を正し、全国の外国居留地を撤廃してどこでも出入り自由とすると、外国商人たちは東京に押し寄せてきて活動拠点をつぎつぎと開設した。築地ホテル館はまさに、そのはざまで計画が持ちあがり、建てられ、経営難に陥って廃業の憂き目をみることとなったのである。

もう少しだけ時代があとだったら――。

築地ホテル館が消滅したそのときから一四年後の明治一九（一八八六）年、政府は外国人旅行者を対象とする国策ホテルの建設を決定する。その四年後に華々しく開業したのが、渋沢栄一を設立会社理事長とする帝国ホテルだった。

築地ホテル館が銀座大火で焼けることなく、そのまま建物が残っていたら、日比谷の帝国ホテルとならぶ築地の海浜迎賓館として再生され、ふたたび脚光を浴びたのではないか。大火で焼け落ちた建物はとり壊されて、ホテルとしてよみがえることはなかった。こののち敷地にはふたたび海軍施設が建てられて、さらに一帯が帝国海軍の一大拠点となっていく。維新動乱のまっただなかに生まれた築地ホテル館の命運はこうして尽き〝悲運のホテル〟として歴史に名を残すことになる。

だが清水喜助はめげなかった。築地ホテル館建設の経験、技術蓄積を最大限に活かし、両替商から脱皮して銀行経営を目指していた三井組のふたつの銀行建築をものする。広壮な建築はホテルに負けないほど大きな話題となり、新都東京の顔となった。

日本近代産業史の嚆矢《こうし》となるホテルと銀行。動乱の世に執念でこれらをつくりあげた清水喜助の生きざまを追いかけてみる。

# 第1章　列強が要求した外国人用ホテル

## ◉築地外国居留地の付属施設

「江戸に、外国人が満足に宿泊できるホテルをなんとしてもつくってもらいたい」

安政条約によって江戸開市の約定を幕府にとりつけた欧米列強は、外国公館をはじめ商社、教会、学校などが入ることになる外国人居留地の開設に併せて、いきなりそういう要求を持ちだしてきた。海外から居留地にやってくる外国人のために、外国人専用のホテルをつくってくれという要求である。

開国して以来、外国政府関係者が続々と日本にやってくるようになったが、すぐに日本で住居を持つことはできないので、仮住まいとしての洋式の宿泊所の潜在需要はとても大きかった。ところが日本最大、世界的にも有数の都市である江戸なのに、ホテルと呼べる施設が一軒もない。列強はそれを強く問題視したのだ。

襖《ふすま》一枚隔てて他人が寝泊まりする日本式の旅館は、外国人が利用するには厳しいものがある。反対に、いきなり外国人が出入りすることになっては、そこを定宿としている日本人が警戒して利用しなくなってしまうので、旅館の側も外国人の利用にはおよび腰となる。

諸藩の屋敷地や町人たちの土地を収用して外国人に貸すことになる築地外国居留地は、都市計画上の業務の一環で、造成を進めて区画を用意するところで目的は完遂する。地代、賃料が入るから、幕府側の持ちだしもそれほどない。

しかしホテルはちがう。本来は、受益者負担の原則から外国政府や外国の民間人が建てるべきものなのに、列強は、幕府の責任において建設し運営せよと強く迫ったのである。

幕末維新の乱世で多忙を極める幕府は、約束した江戸開市と居留地開設をずるずると先のばしにしていたので、それに対する圧力とペナルティの意味も、このホテル建設要求にはこめられていたと考えられる。

建設に莫大な資金を要することは想像に難くないが、幕府はとうに財政破綻状態にあり、とてもではないがそんな余裕はない。長年の財政規律の緩みに加えて、開国からは予想外の巨額出費が続き、台所は火の車だった。

生麦事件のイギリスへの補償金一〇万ポンド（四〇万ドル）、下関戦争の補償金三〇〇万ドル（うち一五〇万ドルはのちに支払い免除）は、やがて倒幕の主役となる薩摩、長州の尻ぬぐいのために払った金である。さらに将軍徳川家茂の二二九年ぶりとなる上洛、二度にわたる長州征伐のための費用でも、合わせて約六〇〇万両を要していた。

財政面以前に、西洋式旅館であるホテルとはいかなる施設で、どう建てるのかもまったく不明だった。日本人のだれも、そんなものを自前では建てたことがなかった。

幕府側の交渉窓口は外国奉行である。外国との折衝機会が急増したこのころは外国奉行職の人数も増え、その統括者としての外国惣奉行《そうぶぎょう》もはじめて任命された。

外国奉行で列強との居留地関連の折衝担当となったのは朝比奈昌弘、江連《えづれ》尭則《あきのり》のふたりで、初代惣奉行職となった平山敬忠《よしただ》が統括責任者となった。また居留地を管轄することになる町奉行では井上清直《きよなお》が窓口となった。

外国惣奉行の平山は慶応三年（一八六七）の六月一日と三日、続けざまにイギリスの高《たか》輪接遇所《なわせつぐうしょ》を訪れている。ハリー・パークス公使に呼びつけられての、まったく気乗りのしない訪問だっただろう。

浅野内匠頭と赤穂義士たちが眠る高輪泉岳寺。その参道下に高輪接遇所はあった。これはつまりイギリスの仮公使館なのだが、幕末の激しい攘夷運動に対する目くらまし作戦の意味もあって、幕府は仮設公館を「接遇所」と名づけていた。

イギリス公使館はこのころ、尊王攘夷派によってたびたび襲撃されていた。文久元年(一八六一)五月二八日、高輪東禅寺に置いていた公使館が水戸藩士によって襲撃された。その翌年には、ふたたび同所が襲撃されたのに加えて、品川御殿山に幕府が新築していた正式な公使館を、長州藩士が焼き討ちするという事件が起きた。

御殿山の公使館に火を放ったのは高杉晋作、久坂玄瑞、井上聞多《もんた》(馨《かおる》)、伊藤俊輔(博文)、寺島忠三郎《ちゆうざぶろう》の五人。維新の原動力となり、明治政府の重鎮となっていったそうそうたる顔ぶれである。

歴史ある江戸名所に外国の役所を設けるなどとんでもない、というのが彼らの言い分で、江戸庶民もこれに拍手喝采した。攘夷派が闊歩し、それを幕府が制圧しきれない江戸は危険きわまりない都市。欧米各国のあいだではそういう認識が広がっていた。

平山惣奉行が訪れた高輪接遇所については、おもしろい記述が残っている。当時のイギリス公使館書記官だったアルジャーノン・ミッドフォードの回想録の一節である。

われわれが使用する予定の建物は、いまにも倒れそうな細長い木造平屋建ての二棟で、一棟は公使の居館にあて、もう一棟には書記官らが住まうことになった。その敷地は四十七人の浪士が埋葬された有名な泉岳寺の下にあった。山門のわきに公使館付属の建物が立ち、横浜から派遣された第九連隊の護衛隊が詰めていた。（中略）急造された仮小屋風の臨時公使館は、きわめて設備の貧弱な宿舎で、扉や窓や雨戸がひどく建てつけが悪かった。（中略）長い廊下やひえびえとした部屋のなかを、冷たい隙間風がひゅうひゅうと音を立てて吹きぬけるので、隙間風のない屋外に出ていたほうがましなくらいであった。

――『維新の港の英人たち』ヒュー・コータッツィ著／中央公論社

ミッドフォード書記官は、この仮設の建物がよほど気に入らなかったようだ。もうすぐ御殿山で立派な公使館が完成するというまさにそのとき、長州の血気盛んな侍たちによってそれはあっけなく焼き払われてしまった。仕方なく、幕府の責任で慌てて建てられたであろうこの隙間風吹きわたる仮施設に働き、住まうことになった。一文は、そんな経緯への恨み節なのである。

配下の書記官でさえそんなふうに不満やるかたなしなのだから、イギリス国を代表してこの館に住まうことになったハリー・パークス公使の憤怒の度はいかばかりだったろうか。

そのパークスが不機嫌な表情を浮かべながら、テーブルをはさんで外国惣奉行の平山と

ハリー・パークス

対座している。交渉相手を威圧するための戦術的な不機嫌に、仮公使館に対する日常的な不機嫌が乗じていたと思われる。

禿頭《とくとう》でもみあげを伸ばし、高い鼻梁に金壺眼《かなつぼまなこ》。四〇歳そこそこだが、大英帝国を代表する威厳がパークスの容姿にはみなぎっていたことだろう。平山のほうがだいぶ年長だが、相手の威圧に押されてきっと困り顔で小さくなっていたのではないか。

パークスの横で通訳を務めるのはアーネスト・サトウである。サトウは、パークスがイギリス公使に着任した慶応元年には正式な公使館通訳官となっていた。このころには「薩《さ》道《どう》（または佐藤）愛之助」の日本名を名乗り、長州や薩摩の藩士たちとも書簡を交わし、日本に滞在する外国人ではもっとも日本語に堪能とされていた。

イギリス、アメリカ、フランス、オランダ、ロシアと幕府が結んだ通商条約、いわゆる安政五カ国条約は、まず長崎、神奈川（横浜）、箱館（函館）を開港し、続いて江戸と大坂の開市、さらに兵庫（神戸）と新潟の開港を約束していた。

開港、開市に合わせては、いずれの場所にも制限区域としての外国居留地が開設され、外国領事館や外国商社が拠点を置くことになる。しかし幕府のお膝元である江戸の開市については、すでに約定したこととはいえ、幕閣のあいだではきわめて慎重にことを運ぶべしという意見が多く、江戸だけでもなんとか開市の約束を撤回できないかと訴える者もいた。京都でも、内裏の了承を得ることなく勝手に結んだ条約に対する強い不満がまだ渦巻いていた。

そんな背景に加えて、攘夷・倒幕勢力への対処に忙しく、さらに築地鉄砲洲《てっぽうず》の土地収用で町民の大規模な反対運動が起こったものだから、江戸外国居留地の用地確定は遅れに遅れ、列強は幕府に対する不信感を募らせていた。中一日はさんで忙しくパークス公使を訪問する平山の行動は、その圧力を受けてのことといえよう。

そこにまた投げかけられた、ホテル建設の無理強いである。

このころ欧米列強を代表するかたちで幕府との折衝にあたることが多かったパークスだ

から、このあとに引用する覚書の内容からもわかるように、ホテル建設の要求はまず彼の口から発せられたと考えてさしつかえない。

おそらく、こんな調子で。

「居留地開設にあたっては同時に、ぜひとも西洋式のホテルを用意してもらいたい。これは、日本と条約を結んでいる諸国共通の強い要望である」

「開市によって、これからわが国をはじめ諸国の政府関係者、商社、さまざまな分野の技術者たちがたくさんやってくる。彼らはこの日本国の発展にかならずや役立つ。ところが、彼らの用に足るようなホテルが江戸にはまったくみあたらない。宿泊施設がなければ今後の居留地の運営にもさしつかえる。なんとしても早急にホテルを建設してもらいたい」

前任者で初代駐日イギリス公使のラザフォード・オールコックは、本国政府の意に反して長州軍との下関戦争に加わり、その責から解任された。後任に指名されて中国から意気揚々と江戸にやってきたのがハリー・パークスである。開国からアメリカやフランスとの利権争いのボルテージが高まるなかでの着任。自分の存在感を誇示しないではいられない状況だった。

## ◉高圧的なハリー・パークス

平山とパークスの二回にわたる会談直後の六月四日、パークスはさっそく幕府に対して外国居留地開設についての覚書を提出したが、そのなかにはこう記されていた。

日本政府はきたる一月一日までに△の印で示した地区において外国人用ホテルに適する建物を選定することを承知されたい。
——『続通信全覧　江戸外国居留地一件』外務省外交史料館

この西暦の一月一日は、慶応三年の一二月七日にあたる。その日までに居留地用地でホテルに適する物件を選定せよ。そういう内容だが、この時点では新規に建設しろとはいっていなくて、既存の建物でもかまわないというニュアンスが示されている。

ところが半月後の二一日に幕府に再度送ってきた覚書では、こんどは具体的に場所を指定したうえで、日本の責任において「建てろ＝新築しろ」と迫っている。

別紙の絵図面で黒に彩色した「シ」と記す場所において、ホテルにふさわしい建物を日本の責任において建てること。
——『江戸居留地往復書』外國人居留地取立之事

江戸開市のたび重なる遅れにいらだつ、パークスの息遣いが伝わってきそうだ。その募るいらだちが、ホテル建設の無理強いへと転化していったはずである。

アーネスト・サトウ

平山に対するパークスの態度や口調はいつでも高圧的だった。それを裏づける文言が、一九二一年に出版されたアーネスト・サトウの回想録『A Diplomat in Japan』にでてくる(本稿での引用はすべて『一外交官の見た明治維新』岩波文庫より)。

彼らが立ち去ってから、平山がやってきた。長い間、激しい言葉のやりとりがあったが、卿は平山にひどい罵声を浴びせ、子供の使《つかい》も同然ではないかとしかりつけた。
ハリー卿は平山に、こんどは調査を長崎に移さなければならない、貴殿にはその調査のため長崎に行ってもらわなければならぬ、と言った。平山は頑強に反対し、自分の代わりに同僚の委員二名をやることにしようと言ったが、卿はそれを受けつけず、無理に平山を承諾させてしまった。気の毒にも平山老人は、万策ほとんど尽きはてた様子であった。

このくだりは、慶応三年七月に長崎で起きたイギリス軍艦イカラス号の水兵二名の殺害事件について、犯人捜査の進捗状況を平山に問うなかでのシーンである。捜査がなかなか進まない状況に、パークスはかなりいらついていたのだろう。

このころには平山は外国惣奉行職に就いていて、いまでいえば外務事務次官のような立場。その人間が「子供の使も同然」と面罵される。列強と日本の立場の落差をものがたる場面だ。

平山敬忠

回想録は、パークスが平山に「古狐」の渾名をつけていたことも記している。サトウ自身も「狡猾そうで鋭い顔つきの小柄な老人」と書いている。パークスだけでなくサトウもまた平山惣奉行をあまり好ましく思っていなかったのだろう。もっとも、外務官僚トップが外国に好かれるばかりでは困るのだけれど。

平山敬忠は、陸奥国三春藩（現在の福島県田村郡あたり）藩士の子に生まれた。若くして江戸にでて著名な朱子学者の安積艮斎《あさかごんさい》に学んだ。その門弟には栗本鋤雲《じょうん》、清河八郎らがいて、さらにはこののち築地ホテル館の事業計画立案で重要な役割を果たす、勘定奉行の小栗上野介忠順《ただまさ》もいた（安積艮斎は駿河台の小栗家屋敷内で私塾を開設していた）。

それから平山は江戸で無役の小普請の養子となり、詭道《きどう》うずまく出世競争を経て、苦労した末に外国惣奉行職、位では若年寄並にまでのぼりつめた。「狡猾そうで鋭い顔つき」になっていっても、おかしくはない。

ちなみにサトウは上司のパークスも嫌いだったようだ。イギリスに帰国した後年、日本研究家で俳句の英訳に先鞭をつけたバジル・ホール・チェンバレンに書き送った手紙（一九二一年九月二五日付）に記している。

私とサー・ハリーとの関係は楽しいものではなかったのです。アダムスもミッドフォードも、彼をよく思っていませんでした。妥当だと思えるような日本人の請願に対しても、彼は容赦のない言葉を投げかけるのですが、それを通訳しなければいけないのはほんとうに辛いことでした。

アダムスと前出のミッドフォードは公使館勤務の同僚で、ミッドフォードと通訳官サトウは、パークスが日本国内の各地を訪問するときにつねに随行していた。

## ◉勘定奉行・小栗忠順の知恵

惣奉行の平山も、実務レベルでの直接担当となった朝比奈と江連も、居留地を開設するだけでなく、そこに外国人用のホテルを幕府の責任で建設しろという要求には大いに困惑したはずだ。まるで雲をつかむような話である。

ホテルとは日本でいうところの旅館で、西洋では数百人を収容する巨大な施設が少なからず存在する。外国奉行連中は、そのことを幕末におこなわれた遣欧・遣米使節たちの一行から伝えられて知っていたし、使節の手になる各種の報告文書や渡航記のたぐいも当然読んでいる。

それによってホテルのイメージはなんとなくわかっても、実際に外国人の用に足るものとするには、具体的にどんな造作や調度が必要なのか、旅館とどこがどうちがうのか、そんな知識があるはずもない。ペリー艦隊来航から長く応接掛《がかり》など外交の任にあった平山

小栗上野介忠順

だが、自身は欧米への渡航経験がなかったし、朝比奈、江連の両人もなかった。

すでに述べたように、外国のためにそんな大がかりな施設を建てて運営していくような余裕は、体制的にも財政的にもいまの幕府にはない。

平山たちにしてみれば、つぎからつぎへと難問が噴出してくる外交交渉で手いっぱいで、ホテルをつくるなどといった、わけのわからない話に拘束されているひまなどない。資金的裏づけがないから責任も持てない。

そこで「これは、あの男に相談するしかない」ということになった。勘定奉行の小栗上野介忠順である。旗本の小栗は、勘定奉行の以前には外国奉行を任じていたし、軍艦奉行や陸軍奉行も兼務する才人である。

その小栗は万延元年（一八六〇）におこなわれた遣米使節に目付として加わり、アメリカに渡って資本経済のあり方を肌で学んでいた。だから欧米式の社会基盤をよく理解している。

そして彼はまたアメリカの複数の一流ホテルに止宿してきたので、ホテルという商売と施設への理解度も高い。外国奉行が、外国のことで部外者の勘定奉行に救いの手を求めることには忸怩たるものがあろうが、相談相手としてはまことに適任といえた。

目付は使節一行の監察役、将軍への報告者としての役まわりで、使節のなかではあくまで脇役、黒子である。しかしこのときの外国奉行がついた使節団の正使・副使よりも、小栗のほうが欧米に対する知識が豊富で、現地での適応力もはるかに高かった。

それは、目付の役割に加えてもうひとつ、大老井伊直弼から与えられた使命からも察することができる。

安政の条約締結以来、金貨である小判が大量に外国勢に買われて海外に流出するようになり、日本では激しいインフレーションが進行していた。与えられた役目は、小判とドル銀貨との交換比率を正すために、アメリカでドル通貨の実質的価値をよくよく調査してきてもらいたい、というものだった。小栗は幕臣きっての経済通でもあった。

日米修好通商条約の批准書交換を主務に派遣された遣米使節一行は賓客として歓待され、止宿したホテルは主要都市を代表する超一流ホテルだった。アメリカ本土最初の訪問地であるサンフランシスコのインターナショナルホテル、ワシントンDCのウィラードホテル、フィラデルフィアのコンチネンタルホテル、ニューヨークのメトロポリタンホテル。これらの威容は使節一行を圧倒し、驚愕させた。

鉄と石で築かれた高層の建物はとにかく頑丈そうで、巨大な城のようだ。部屋は個別に完全に隔絶されている。ボイラーがあるおかげで浴室ではいつでもお湯が使え、便所も水洗式で清潔、厠《かわや》臭などどこにもない。大広間での晩餐会の卓上には、豪勢な肉料理や魚料理があふれんばかりに並ぶ——。

一行に賄い方として加わった加藤素毛《そもう》の日記をもとに編まれた『二夜語《ふたよがたり》』（水野正信編著）には、ワシントンのウィラードホテルに泊まったときの体験として、こんなくだりがある。

湯槽は長持ちのような箱で白銅が張ってある。ねじがふたつあり、ひとつは熱湯、他は水、両方を開いて湯と水を加減し、湯槽に入って座ると、浅いのでへそのあたりまでしか湯がない。あとで聞くと寝て前を洗い、うつ伏せになって背中を洗うとのことである。天井に蓮の実のようなものがあり、ねじをひねると湯水が滝のように落ちてくる。便所は数十カ所にあって、入り口に鍵がかかり、便器は陶器の大きな丼様のものので、側《そば》にあるねじをひねると丼の底が開き、水がでて汚物を洗い流してしまう。

浴槽のかたちと入浴法、栓をひねるだけでお湯と水がでること、シャワーや水洗式トイレに対する驚き。そんな一連のカルチャーショックを素直に表現していて、なんとも愉快な一文である。

アメリカでは、ホテルという施設が単なる宿泊施設にとどまらず、社交の場となり、政治・経済活動のなかで重要な位置を占めている。そのことを小栗は実際に泊まって肌で知ることになった。開国派で、欧米に積極的に学ぶべしという姿勢の小栗だったから、日本もいずれ西洋の使節を歓待できるような立派なホテルを設けるべき、と考えていたはずである。

小栗はまた、そうした巨大施設が州政府や市によってではなく、あくまで民間の資金によって建てられ、民間の力で運営されていることを知り、それこそが資本経済の偉大な力だと悟った。国が民を養うのではない、民が興す産業が国を支えているのだ。そう強く実感した。

さらに、日本が西洋に追いつくためには経済をまず近代化し、富を社会資本整備に充てていかなければならないと考えていた。そのためには外国の知識人や専門家を日本に招いて指導を受ける必要がある、とも。

ホテルとはつまり交易のための利便施設にとどまらず、そうした経済外交、技術輸入、産業振興のために欠くべからざる受け皿の施設となる。小栗はアメリカから帰国してのち、きっとそんな確信を心中に宿していただろう。

## ●おもしろいことになった

そんなところに突如降ってわいた、江戸の外国人専用ホテル建設計画。

これはおもしろいことになった――。

小栗は思わず膝を打ったことだろう。西洋の知識、技術をとり入れて日本を近代化する。その大改革を推進していく象徴に、江戸のホテルを位置づけることができないか。そう考えたのではないだろうか。

経済通、外国通としては大いに興味をかき立ててくれる対象ではある。一方で幕府勘定方としては、これはとんでもない〝難事〟ということになる。財政の難局は自身がだれよりもよく知っている。

軍艦奉行を兼務していた小栗はこのころ、幕府が使用する大型艦船を外国から購入するのではなく、自前で建造することを目指していた。そして、その中核施設となる横須賀製鉄所の開設計画をフランスの助力を得て進めていた。ここでも五〇〇万ドル近い予算を計上していた。

この製鉄所とは、現代の製鉄工場とは概念がまったくちがう。高炉・転炉施設に船舶の建造施設や修理施設が合体した施設を意味する。さらには帆布やロープなどの繊維製品を製造するラインもあった。つまり、木材以外のほとんどの部材をここ一カ所で賄うという総合造船基地を意味していた。

小栗が主導してつくったこの横須賀製鉄所は維新後、明治新政府が引き継いで横須賀造船所と名を改める。それから日本の造船技術蓄積の礎となり、やがては海軍の重要拠点である横須賀海軍工廠となっていく。

小栗がこの製鉄所開設を構想したきっかけは、遣米使節でワシントン海軍造船所を訪れたときの見学体験だった。そこで受けた感銘は途轍もなく大きかった。

一〇棟ほどが並んだレンガ建築の巨大な製鉄工場では、反射炉による製鉄工程を見学した。さらに、その鉄製品と木材で組み立てられる汽船の造船工程、エンジンや各種の船舶部品、大砲、小銃などの製造工程もつぶさにみた。

ワシントン海軍造船所を訪れた遣米使節一行。前列右から2人目が小栗忠順。[米国立公文書記録管理局蔵]

おそろしく広大な敷地に建つ工場で、軍艦建造だけでなく武器製造にいたるまで、必要なほとんどのものが一括製造されている。そのことに驚き、これとおなじものをぜひ日本にもつくって幕府の海軍力増強に結びつけたい、と小栗は熱望した。それが叶えばかならず、勢いづく反幕府勢力を駆逐することができると目を輝かせた。

それだけではない。彼は横須賀製鉄所のほかに、もうひとつ大きな計画を遂行していた。迫った兵庫（神戸）開港に合わせては、日本側も外国商会に対抗できるだけの交易組織をつくる必要がある。でないと外国勢にいいように富を収奪される。そういう趣旨の建議書を小栗は幕閣に提出していた。

小栗は、この組織設立のための出資を大坂や京都の商人たちに広く呼びかけ、実働部隊としての在大坂奉行連中の教導に忙しかった。こうして企図された日本初の株式会社となる兵庫商社は、横須賀製鉄所と並んで幕末日本産業史に残る大きなエポックとなる。

だがこの兵庫商社は、日本による貿易寡占を強く警戒したイギリス、アメリカ、オランダの強烈な反対にあい、わけてもハリー・パークスなどは即刻、組織を解体するように迫った。

関西の有力商人たちも、そうした不安定な外交情勢を敏感に察知して、参画に尻ごみすることが多くなった。そのため兵庫商社は、のちに設立目前で計画が宙に浮くことになってしまう。

## ◉民間の力と株式制度

ホテル建設には大いに関心があるが、横須賀製鉄所と兵庫商社の開設にむけてまさに東奔西走する状況にあっては、外国奉行たちだけでなく小栗にも、それに深くかかわっている余裕はなかったはずだ。

そこで捻りだしたアイデアが「民間にまかせる」というものだった。

小栗がみてきたアメリカでは、どんなに大きな工事を必要とする事業も、ほとんどが役所ではなく、株式制度によって資金を集めるカンパニーという民間組織がやっている。むこうで宿泊してきた数々の立派なホテルもまたすべて民間の力で建てられ、営まれていることを彼は知った。

そういう資本主義、株式会社制度を肌で学んできた小栗だから、民間の力にまかせるというアイデアにたどりつくのに、さほど時間を要しなかったはずだ。

アメリカでは、遣米使節が訪れるかなり以前からホテル革命が巻き起こっていた。

ジョージ・ワシントンが初代大統領に就任した一〇年後の一七九九年、はやくも七三室の大型ホテル、シティホテルがニューヨークに開業したが、これは株式会社組織で建てられ、経営された最初のホテルとされている。

一八二九年には、今日の都市ホテル像の雛形となるアメリカ初の本格的ホテル、一七〇室のトレモントハウスがボストンに建設された。全室が個室で、ドアには鍵がつき、客室内には洗面台があり、客室からフロントに連絡するための呼び鈴まで設置されていた。これももちろん民間事業である。

一八三四年になると、ニューヨークにアスターハウスが開業する。アメリカではじめての本格的な配管設備を持つホテルで、給排水、暖房などが集中管理できる画期的な施設だった。

一八五三年に同市に開業したザ・フィフス・アベニュー・ホテルは、落下防止機構を備えた蒸気式エレベーターをはじめて備えたホテルだった。エレベーターの落下防止機能は、おなじ年に開催されたニューヨーク万国博覧会ではじめて紹介されていた。

このように、遣米使節一行が各地を訪れたころには、アメリカでは施工手法、設備、サービス内容などさまざまな分野で画期的なアイデアが生みだされ、すでに欧州先進国のホテルの水準を超えていた。

「外国人旅館をつくる者が市中から必要な金子《きんす》を用立て、共同の社中をつくる。一口いくらで加入金を募り、儲かれば口数に応じて利金を配分していく。これはアメリカでは広くおこなわれていることです。そういう仕組みが大きな建築をものし、大きな商いを可能としているのです」

そんなふうに小栗は老中や外国奉行たちに説明したのだろう。

民間にまかせるだけでなく、株式会社制度を用いて資金を調達する。だれが建設者募集に応じてくるかわからないが、相当に大きな予算が必要になるはずだから、単独ではとうていそれを集めるのは無理で、やはりアメリカ式の株式会社制度を試さない手はない。

それこそが、これからの日本の富国に必要不可欠な〝実験〟になる。

応募者があらわれれば、ある程度は自分がその手ほどきをしなければならないだろう。ほかのだれにもそんな知識はないのだから仕方がない。苦しい台所をやりくりする本来の勘定奉行の仕事、横須賀製鉄所と兵庫商社の準備、そしてホテル建設――。

体がいくつあっても足りない、と小栗は嘆いたことだろう。

# 第2章　清水喜助という男

## ●軍艦操練所跡地が用地に

安政条約締結の諸外国にとっての悲願だった江戸開市と居留地開設は、日本の政情不安に加えて、築地周辺の候補地の住人たちの根強い抵抗があったことで、結局は明治元年までずれこむことになる。

隅田川河口に近い築地鉄砲洲一帯に住む町人たちは、わずかな礼金で立ち退きを強要されることに強い不満を抱いていた。幕府の力がすっかり落ちていたのを見透かしたところもあっただろう。「はした金で追い払おうったって、そうはいくか」とばかりに徒党を組んで気勢をあげた。

しかし、平山惣奉行が高輪接遇所にパークスを訪ねたその時期には、居留地の開設場所はもう鉄砲洲に固まっていた。どれほど強い反対運動が起きようと、いまさら動かしようがない。町奉行所は強制的に立ち退きをさせていった。

それに先だって、ホテルの用地は、居留地用地に隣接する幕府軍艦操練所の跡地と決まった。この施設が慶応二年一一月に焼失し、そのままとなっていたからである。居留地の中心からはやや離れる場所となるが、海に面していて近くに船着場を設けることができるから、うってつけの場所といえた。

安政四年（一八五七）に築地に設けられた操練所は、航海術、洋上砲術についての技術養成のための幕府海軍教練施設である。日本で最初にできた海軍教練施設は、オランダ海軍武官を教授陣に迎えていた出島横の長崎海軍伝習所で、そこでは、勝海舟や榎本武揚など幕府海軍を動かしていく幕臣や、諸藩から送りだされた俊才たちが多数学んだ。

そして向井忠勝、勝海舟らが頭取につき、長崎伝習所出身の英才連中が教鞭をとったのが築地の軍艦操練所だった。そのころには江戸から遠く離れた長崎伝習所にとって代わる、幕府海軍の最重要拠点となっていた。

軍艦操練所は最初、鉄砲洲に置かれた講武所内に設立されたが、七年後に焼失して小田原町の安芸藩の蔵屋敷地に移った。そして慶応二年にふたたび焼けて、その跡地利用としてホテルが建設されることになったわけである。再建を急ぐ操練所は、こんどは将軍御用の浜御殿（現在の浜離宮）の続きの地に移転することになった。

小栗忠順《ただまさ》が加わった遣米使節が出立するさいも、この軍艦操練所が一行の集合場所となり、そこで昼飯をすませてから小型船で品川の沖合まででて、碇泊していたアメリカ艦船のポーハタン号に乗りこんだ。遠浅の江戸前の海は大型船を直接乗り入れることができなかったので、幕府が送りだす使節の船旅のはじまりは、この操練所から小型船でというのが常だった。

この場所は、隅田川・勝鬨《かちどき》橋のたもと、旧築地市場の立体駐車場があった区画である。市場敷地内にあった旧水神社の一角には、海軍旗を掲揚する旗山《きざん》跡を示す「旗山　海軍発祥の地」石碑が建立されている。幕末から続いた海軍拠点の歴史を示す、小さな碑である。水神社自体は、市場移転に伴って新天地の豊洲に遷座している。

この軍艦操練所敷地の海側の一画、江戸前の海を望む絶景の地に築地ホテル館は建てられることが決まった。

築地ホテル館の建物はやがて銀座大火によって全焼し、再建されることなくそのまま消滅していく運命を迎えるのだが、ホテル敷地を含む一帯には、こんどは海軍経理学校など帝国海軍施設がふたたび建てられて軍の重要拠点となる。

そののち、手狭となった日本橋市場にとって代わる築地市場として払い下げられる。さらに太平洋戦争終結とともに、その一部がＧＨＱに接収されて駐留米軍施設となった。ＧＨＱは全五万九〇〇〇坪の市場敷地のうち二割強にあたる一万三〇〇〇坪を接収し、車両修理工場や巨大な洗濯工場を置いた。

〈築地に外国人旅館を建てる。地所は無償で貸し与える。自前でこれを建築し、加えて、自ら商いをおこなう者をこのたび募る〉

そんなような布告が江戸の市中にだされたのは、慶応三年の夏まえごろ。宮大工、土木請負人、木材商などにむけた建設者・経営者募集の告知である。この時点での幕府側の施設呼称はあくまでホテルではなく「外国人旅館」だった。

軍艦操練所の跡地に、条件に従って建物を建てて営業すれば、利益は事業者のものとしてよい。ただし幕府が資金を用立てることはしないので、すべて事業者の責任においてこれを集めるべし。そういう条件も示された。

幕末維新のざわつく日々のさなか、江戸のホテル建設計画はこうして始動した。

ところで、築地ホテル館は日本初の本格的ホテルだが、それまで日本にほかにホテルがなかったかといえば、もちろんそんなことはない。

もっとも古いところでは、一六世紀末〜一七世紀初頭にできたと思われる、オランダのカピタン（商館長）一行が利用した江戸の長崎屋がある。カピタンは毎年春に、長崎出島から将軍に謁見するために江戸にのぼった。そのときに止宿したのが日本橋本石町にあった長崎屋だった。この施設はホテルとは呼べないような日本旅館の形態で、内装や家具だけを洋式にしていた。

築地ホテル館開業より八年前の万延元年（一八六〇）に横浜にできた、日本で最初のホテルとされているヨコハマホテルは、元船長のオランダ人、C・J・フフナーゲルの手でつくられた。横浜居留地に出入りする商人や船員を顧客とした施設だが、詳細はわからず写真やスケッチのたぐいも残っていない。

長崎では文久三年（一八六三）、イギリス領事館の仮事務所を改装したベルビューホテルが大浦地区に開業した。現在のANAクラウンプラザホテル長崎グラバーヒルが建つ場所だ。丘のうえに建つコロニアル様式の瀟洒な建物で、こちらはフェリーチェ・ベアトによる幕末長崎写真コレクションの一枚にその姿がくっきりと写っている。

ヨコハマホテルもベルビューホテルも、日本に住む外国人がつくって経営したものだが、規模は数十室程度でそれほど大きくなかった。首都の外国人応接施設と位置づけられて、客室数一〇二室の威容を誇ることになる築地ホテル館とは比べものにならない。

右下の二階建ての建物がベルビューホテル。中央は大浦外国人居留地。入江をはさんだ対岸が出島。［フェリーチェ・ベアト撮影／1860年代］

開港場である長崎や横浜では、ほかにも小規模なホテルはいくつもあったようだ。いまでいうところのオーベルジュやインのような形態である。

勘定奉行の小栗忠順が立案し、外国奉行と、江戸の行政担当である町奉行がすり合わせて、いよいよ公布された事業者募集。だが、応じる者はなかなかあらわれなかった。

それまで日本人のだれも挑んだことのない外国人専用ホテルの建設。必要な設備・備品が日本でそろうはずもなく、外国から輸入しないといけない。それだけでも巨額の費用がかかることは想像に難くない。無事に諸設備を手配できたとしても、うまく稼働するかどうかもわからない。なんとか完成、開業にこぎつけたとしても、ちゃんと儲けをだすことはできるのか……。

すべてが未知数だった。手をだすには、あまりにリスクが大きすぎた。応募がないのも当然といえた。

だが、ついに手をあげる人間があらわれる。宮大工棟梁の清水喜助。大手ゼネコン・清水建設の創業二代目である。

## ◉西洋建築への探究心

二代清水喜助（旧名は藤沢清七）は、越中国礪波《となみ》郡井波《いなみ》（現在の富山県南砺《なんと》市井波）に

二代清水喜助［清水建設提供］

生まれた。生家は小間物商だったが、少年のころから大工仕事がとにかく好きで、社寺建築に興味があったらしい。井波は「井波大工」「井波彫刻」の名があるように、優秀な宮大工を輩出する土地柄である。

清七は、おなじ越中出身の宮大工棟梁である初代清水喜助を頼って江戸にでて、その弟子となって可愛がられた。初代は、日光東照宮の大修営、江戸城西の丸の再建工事に加わり、上野寛永寺、浅草寺の修営でも名を高め、屋号を清水屋としていた。

清七は二五歳のとき、初代の長女であるヤスと結婚し養嗣子となった。安政六年（一八五九）五月に初代喜助が横浜で急死すると、彼は四三歳で清水喜助を襲名して清水屋を継初代は伝統建築の大棟梁として生き抜いたが、二代清水喜助は、弟子としてその技量を確実に受け継ぎながらも、一方で、急速に流入しはじめた西洋建築の技法への探求心を絶やさなかった。そして維新後の東京の建築近代化に活躍した。

清水屋は、開港に合わせて横浜坂下町に店を設けた。長年、井伊直弼の屋敷の普請御用を務めていたのが清水屋で、横浜進出は開国を主導した大老の意を受けてのものだった。二代喜助は安政六年、幕府の依頼で神奈川戸部村の外国奉行所、野毛坂陣屋前役宅、石崎関門、異人牢の普請を請け負った。大老の井伊が桜田門外で暗殺されたのはその翌年のことだった。

初代の命によって二代喜助が横浜に移り店を設けるというと、彼についていた弟子たちはそろって躊躇なく従った。それだけ二代喜助の人望は厚かったたし、彼が新天地である横浜に賭けた熱意も大きなものだった。

横浜の店を切り盛りしはじめた二代喜助は、文久元年(一八六一)に「神奈川役所定式普請兼入札引受人」となる。神奈川奉行所管の工事を請け負うことができる認可事業者で、横浜外国居留地の仕事も受注することができた。

その甲斐あって喜助は、日本で二番目の製鉄所(第一号は長崎製鉄所)である横浜新田北方製鉄所、横浜のドイツ公使館（当時は江戸・麻布に仮公使館を設けていた）の建設にも参画した。

小栗忠順が建設を主導した横浜新田北方製鉄所は、そののちに開設される横須賀製鉄所の予行演習的な意味合いで設けられた施設である。小栗は、鍋島閑叟の佐賀藩から船舶修理機械一式を引き継いで〝本番〟である横須賀開設にむけての試運転をこの横浜の施設でおこなうことになった。海を埋め立ててできた横浜新田は、現在の横浜中華街のあたりである。

清水屋の横浜店は、築地のホテル建築に先立って、この横浜新田北方製鉄所の仕事も請け負っていたので、小栗忠順は築地ホテル館の話が持ちあがる以前から清水屋と喜助の名を熟知していたとしても不思議ではない。だから、裏づける史料はないものの、ホテル建設の話を小栗の側から喜助に持ちかけたという可能性も否定できない。

あとの章で詳述するが、明治になって、日本で最初の銀行建築の設計施工を清水屋に託す三井組大番頭の三野村利左衛門《みのむらりざえもん》は、少年時代に駿河台にあった小栗家屋敷に奉公し、独立したあとも小栗家当主となった忠順をなにかと助けた。

小栗忠順という偉才を介して、明治維新後の建築界と銀行界をそれぞれ牽引していくふこりの異能が化学反応を起こし、新都東京の顔となる産業モニュメントをつくっていった構図は、じつに興味深い。

喜助は横浜で、製鉄所やドイツ公使館のほかに横浜の外国人応接所（外国人クラブ）の建設も受注し、さらに建築事業だけでなく材木や金具の販売、洋品販売にも手を広げていった。

宮大工職人集団の頭領に満足することなく、時代を切り拓く事業家へと脱皮していった男。時代の変化を敏感に読む、進取の気性に富んだ男。それが二代清水喜助だった。

新しい時代の息吹はいつでも最初に、建物に姿をあらわす。

そんな信念が喜助にはあっただろう。横浜という、外国にむかって開けた時代の先端空間に活動したことでそれは芽生え、醸成され、確立されていった。

その信念を激しく刺激し、こころを揺さぶるような外国人用ホテル建設などという前代未聞のプロジェクト。だから喜助は前のめりになるしかなかった。

時代は風雲急を告げ、大変革がやってくる不穏な気配が江戸のまちを覆っていた。喜助もそれは肌で感じていたはずである。前代未聞、暗中模索の事業に乗りだしたとしても、成功の保証などまったくないうえに、政変が起これば、一気に足下をすくわれる可能性だってある。

そうなれば清水屋は一気に傾き、配下の職人たちは路頭に迷うことになる。組頭としてそれを許していいものか……。周囲には、無謀な計画に反対を唱える者が少なくなかったはずだ。

五〇の齢を越した喜助の葛藤はいかばかりだったか。

できるのが遅かったので子供はまだ小さかった。彼が三八歳のときに生まれた長女のムメは、このとき一三歳。まだ遊んでいたい歳ごろで、これから婿養子をとって家を継がせなければならない。次女の真寿はさらに幼い。

「だが」と喜助は決意する。

変革の世だからこそ新しいものに挑む意義がある。時代が移るから仕事も変わる。これまで、だれもつくったことのないようなものに挑戦する。記念的な足跡をそこに残す。それは普請屋冥利に尽きるというものだ。それこそが普請屋の生きざまだ――。

われわれが目にする二代清水喜助の唯一の写真は、頭髪を七三に分けた着物姿のもので、明治に入ってから撮影されたものである。頭髪は豊かで黒く、両端が吊りあがった太い眉、鋭い二重瞼の目つき、きりっと結んだ唇、頑丈そうな顎。いかにも意志の強そうな容貌である。

## ◉清水屋のはじまり

そんな二代喜助の義父である初代喜助は、どうやって清水屋を興したのか。

初代喜助は、越中国婦負《ねい》郡黒瀬《くろせ》谷村《だにむら》字小羽（現在の富山県富山市小羽）に生まれた。神《じん》通《づう》川のほとりにあった生家は豊かで、地域の村々をとりまとめる大庄屋だった。貧しい小間物屋に生まれた二代喜助とは境遇が少々ちがう。小さいころから彫刻が得意で、大工仕事の才能もあり、大きくなってからは地元で家を建てたこともあった。

母親が死んで、父親の武兵衛が再婚して妹が生まれると、その妹に家督を譲り、喜助は江戸にむかう決心をする。黒瀬谷村をでた一〇代なかばの喜助は、親不知の難所を経て信州路をたどったが、途中で日光東照宮の大修営がおこなわれていることを知り、下野国の宇都宮に足をむけた。

一一代将軍家斉の命でおこなわれた東照宮大修営によって、物資集積拠点である宇都宮は活気に満ちあふれていた。ものごこ

初代清水喜助［清水建設提供］

ろついたときから彫刻の才能を発揮し、大工仕事も得意だったから、喜助は迷うことなく日光の修営現場にむかい、その手伝いをしたという。大修営作業がもう仕上げの段階に入っていたころである。

ただし「聖地である日光山の普請仕事は日光大工衆が独占していた。旅の見習い大工がどこまで加わることができたかは不明」と専門家は付言する。

日光を発った喜助は江戸にむかった。神田鍛冶町の絵草紙屋（浮世絵や草双紙の版元・販売店）の裏店《うらだな》に住みつき、銀三分を元手として細々とした大工稼業をはじめた。文化元年（一八〇四）のことで、これが清水屋の創業である。

当時二一歳。実直な仕事が評価され、商家の修繕でどんどん腕前を発揮したらしい。貯えができたので神田新石町に転じ、こんどは表店《おもてだな》を構えるようになった。

天保九年（一八三八）には、失火で全焼した江戸城西の丸の再建でも活躍した。このときには、同郷の越中国からでてきた清七も、初代を助けて普請に加わった。体格頑強で無理がきき、忍耐強い清七はいつもよく働き、初代の覚えもすこぶるよかった。

男子を持たなかった初代は、清七を長女ヤスの婿とし、跡を継がせることにした。このころ、三代将軍家光が江戸城鎮護のために建立した牛込髙田八幡宮の楼門が焼けてしまったので、幕府作事《さくじ》奉行（建設関係担当）の認可棟梁だった初代喜助はその再建を担った。

良質の材木をふんだんに使い、喜助得意の細工を縦横に施した立派な門は、清水屋に一〇〇〇両もの持ちだしを余儀なくさせたものの、たいへんな評判を呼んだ。この功績で初代は苗字帯刀、日向《ひゅうが》の国名を名乗ることを許された。

その後、開港で建築の仕事が急増した横浜にも店をだし、これを清七に任せたものの、若い者には負けられないと老体にムチを打ち、現場を鼓舞するために江戸から横浜へ早駕籠をとばすこともたびたびだった。

七七歳になった安政六年の五月、早駕籠で江戸を発って六郷の渡しを越え、神奈川宿の青木までやってきたとき突然、体調がおかしくなって昏倒した。そのまま横浜坂下町の店宅に運びこまれて医者が治療を施したものの、初代喜助が意識をとり戻すことはなかった。脳卒中だったらしい。

## ●正式にホテル建築請負人となる

幕府の布告には、建物の様式が「外国人旅館」とあるだけだった。

それが洋式の宿泊所であるホテルを意味することを、二代喜助はもちろん理解していたはずだ。横浜居留地で外国関係の仕事をするなかで、小規模なホテルの建物を目にしていたはずだし、外国人からホテルの施設のあり方について教わってもいただろう。

幕府の事業者募集に応じて、喜助が町奉行所に提出した願書はすぐに受理され、身許保証人の審査もなんなくとおって、正式に請負人と決まった。神奈川役所定式普請兼入札引受人に指定され、すでに横浜居留地で外国関連の建築工事実績を築いていた経歴、信用がものをいったのだ。

交渉窓口の外国奉行連中にすれば、喜助の意思表明はまさに渡りに船だった。開市で圧力を強める列強へのアピール材料として、ホテル計画を一刻もはやく始動させなければならなかった。

慶応三年六月四日、ハリー・パークスが幕府に送った居留地開設に関する覚書（江戸居留地往復書）のホテル建築関連事項には、このように記されていた。

すでにその筋の者（施工者＝清水屋）が日本政府から指名されているが、外国建築家の作成する図面に忠実に従ってその工事にとりかかり、開市期限までに落成すること。ホテルの経営者は日本人でもかまわないが、外国人利用客の要求を満たすためには外国人の経験者を雇うことも経営者は考慮すべきだろう。

ホテルの建築者が経営を兼務することはかまわないが、運営面では外国人の責任者を雇ったほうがいい。そんなような、かぎりなく命令に近いアドバイスである。
建築請負人の手配実務の責任者である町奉行は、喜助に「外国人居留地建物其他請負之者中渡候儀申上候書付」を手渡した。上役に提出した一種の契約覚書の写しで、慶応三年七月のことである。

築地元操練所跡明地へホテルの大ノ方（本館）一棟、小ノ方（別館）四棟を建てること。準備を万全にしてとりかかり、（慶応三年）一二月九日までに完成すること。
一、ホテルの設計および監理業務を請け負うアメリカ人ブリセンへ、給料一〇〇〇ドルを五カ月に割り、月に二〇〇ドルを支払うこと。
一、ホテルで用いる設備、調度についてはアメリカ国から導入するよう、ブリセンにそちらから直に依頼すること。
一、大小のホテル建物のほかの、倉庫、波止場の諸施設の建造、浚渫工事などについては追って指示する。
任期中、ホテル建築の引受人としての心得をおもんぱかること。

アメリカ人ブリセンとは、横浜で数多くの洋館建設を手がけた建築家のリチャード・P・

ブリジェンスのことである。

このブリジェンスがホテルの意匠・基本設計と監理を担当し、喜助の清水屋が実施設計と施工を担当するという役割分担によって、こののち築地ホテル館建設の計画は進んでいく。

設計者に外国人を起用するよう提案したのは列強の代弁者であるイギリスだが、このころには幕府や有力諸藩がお雇い外国人の技術者を抱えるようになっていたから、そういう人材を活用することは幕府側も念頭にあったはずだ。

ホテルのことを熟知する外国人でなければ設計など無理で、万が一にも無知な日本人がやるようなことになっては、とてもではないが利用に堪えるものはつくれない。イギリス側は、その点を重ねがさね念押ししたものだろう。


喜助が町奉行から申渡書付を受けとるその直前。居留地開設の折衝担当を任じた外国奉行の江連堯則《えづれあきのり》は、列強側の窓口となっていたイギリス公使館書記官のシドニー・ロコックと急いで交渉をおこなった。

江連は、下関の海峡封鎖を続ける長州に列強四カ国が打撃を与えた下関砲撃事件で、幕府側担当としてその後始末にあたった経歴を持つ。妻は、幕府海軍を率いた榎本武揚の妹、うたである。

最初にホテル建設の話を聞いたとき、江連はきっと驚いたことだろう。

なにしろ、一年に満たない期間で話をまとめてそれを完成させなければならない。実質的な工期は半年ほどということになる。上役である惣奉行の平山と同様、建築などという分野はまるで門外漢で、ホテルという施設の詳細を知らない江連だが、素人考えにも、一〇〇も部屋のある建物がそんなに簡単に建つとは思えない。

おそろしく無茶な条件である。わざと無茶な条件を押しつけることで、ホテル建設だけでなく、早期開市への圧力を一気に強める。イギリス公使館はじめ列強の、これはそういう戦術だったのではないだろうか。

結局、そんな無茶がとおる道理もなく、ホテルの竣工は半年延びて一年きっかりの工期となった。だが、船での機材運搬以外すべてを人力に頼るしかなかった時代のこと、それもまったく経験したことのない工事なのだから、これは驚異のスピードといえるだろう。細かな部分ではいろいろと齟齬もあっただろうが、あとの章で紹介するような外国人の評価からは、外国人客の実用に問題なく耐えるものだったことが推察できる。

慶応三年七月一〇日（西暦八月七日）。シドニー・ロコックから江連のもとに書簡が届く。

今月五日の面会のあと、フランスとオランダの両国公使に会い、江戸のホテルの建築請負人ならびに経営者の募集について、町人から引き受けの申請があった旨を伝えました。建物の設計を外国人に任せる件は、いずれの国の公使も同意しています。なお、建設を受注した町人に対して、約束どおりの期日にホテルを完成させる旨の証文を日本政府に提出するよう計らってください。

さらに追加の書簡が届く。

約束により、ブリジェンス氏がこちらに送ってきた書簡の写しを同封します。彼が設計責任者を請け負うにあたって、その条件を提示してきていますので、この内容で同意できるかどうか速やかにご判断のうえ、当方にお知らせください。

同封されていた、同年七月六日にブリジェンスがロコックへ送った書簡の写しは、ホテル建築に関する業務請負の条件について詳しく記している。

ホテルおよびそのほかの建物を海軍所用地に建てるにあたっては、すべての設計図、仕様書、ならびに約定書を作成し、加えて現地での施工監理にあたります。その一式の受注では、五カ月分の給金一〇〇〇ドルとし、毎月二〇〇ドルの支払いを受けるものとします。契約期間中は毎週、土曜日の正午から月曜日の朝一〇時まで、江戸に駐留するものとします。まえもってお知らせいただければ、横浜の運上所（税関）あるいは、当方宅での打ち合わせも可とします。

五カ月分の給金一〇〇〇ドルとは、どの程度のものか。

慶応三年時点での米ドル（メキシコ銀貨）と日本の銀との交換レートはおよそ、一ドル＝銀四七匁《もんめ》で、一両＝銀六〇匁だった。これから換算すると、一ドルはおよそ〇・七八両、一〇〇〇ドルは七八〇両ということになる。

この時代、幕府や諸藩による公費の海外留学が盛んにおこなわれていたが、その費用合計は往復旅費を含めて「一人一年間で八〇〇～一〇〇〇両」が相場だった。ブリジェンスが要求してきた五カ月分の報酬は、それにほぼ等しい額ということになる。住んでいる横浜から築地の現場に赴くのは、週のうち二日だけだから、法外といえば法外である。ちなみにこの当時の大工や工夫の手間賃は一日三〇銭ほどだった。

とはいえ、ブリジェンスがことさら、がめつかったというわけでもなかろう。国を代表する官吏から、商人や技術者まで、欧米人たちは大きな国益、利益を得るためにははるばる極東の小さな島国にまでリスクをとってやってきていた。

外交も商売も国際慣習にまるっきり慣れない後進国が相手だから、吹っかけたくなるのも当然だろう。もっとがめつく、あくどい外国人はいくらでもいた。


「ブリジェンスの要求は相当高価な要求であった。或る程度まではホテル建築に参画したようであるが判然としない」

清水建設社史『清水建設百五十年』（昭和二八年発行）は、ブリジェンスについてそう述べるにとどまる。この一文からは、意匠・基本設計図面を描いたあと、ブリジェンスは設計面の細かな指示も現場の監理業務もほとんど履行していなかったことがうかがえる。

清水屋の判断で独自に作業を進めていくしかなかったということである。もっとも、横浜でいくつもの洋館建築に参画してきた喜助にしてみれば、彼に工事の進め方であれこれと口をだされるよりも、そのほうが好都合というところもあっただろう。

このころの幕府官僚たちは、しだいに色濃くなる維新の空気を察してとても仕事どころではない。外国奉行も町奉行も、イギリス側の提案に対して異を唱える気概もひまもなかった。

だからブリジェンスの希望条件は、彼が手紙でロコックに示した内容のそのままに、喜助への書付に合意条件として記されることになった。それが江連・ロコックによる折衝の直後というタイミングからも、ブリジェンスが示すとおりの条件で、右から左へと喜助に〝丸投げ〟したものと推測できる。

さらに書付には「ホテルで使用する設備機器や調度をアメリカから仕入れる」との一文がある。このあたりはアメリカ人であるブリジェンスの意向なのか、それともアメリカ公館による指定なのかは不明だ。

この時代のアメリカの建築技術力、ボイラー関連、水道設備の技術水準の高さは、欧州のそれを凌駕していた。とくに上下水関連の水管材などはアメリカ製品が大きなシェアを占めていた。だから調達先がアメリカとなるのは、工事上のリスク管理からも当然だったかもしれない。

### ●リチャード・ブリジェンスとの関係

喜助は、町奉行からの申渡書付に「ブリセン」の名を認める。それがリチャード・ブリジェンスのことで、このアメリカ人がホテルの設計と監理を担当するのだと理解する。喜助は、このときすでにブリジェンスの名と業績をよく知っていたはずである。

井伊直弼のすすめによって清水屋が横浜坂下町にも店を設け、二代喜助がその責任者となったのは安政六年（一八五九）。サンフランシスコを発ったリチャード・ブリジェンスが、意気揚々と横浜の埠頭に降り立ったのは元治元年（一八六四）。

ふたりは横浜居留地で同時代をすごしている。隔絶され、けっして広くはない居留地で仕事をしていれば、ホテル計画が持ちあがる以前から顔見知りとなっていてもおかしくない。ましてや喜助は横浜居留地を管轄する神奈川奉行所の普請請負人である。

彼は西洋建築技法への関心が高く、欧米の技師たちからいろんなことを学びとろうと考えていた。それは、築地ホテル館経営が失敗に終わったあと、明治に入ってすぐに手がけた三井関連の銀行建築をみてもわかる。日本初の本格的ホテルとともに、喜助の名声を大いに高めることになったこの三井関連の建築については、のちの章に記す。

喜助より四つ年少のブリジェンスは、アメリカ生まれのアメリカ人だが、父親はイギリスからの移民である。義姉が在神奈川イギリス領事の夫人だったので、そのつてを頼ってはるばる横浜にやってきた。

領事の推薦を得て、すぐにイギリス公館施設の建築を手がけた。それからは、のちに「横浜西洋館の祖」と呼ばれることになるほど横浜の地で数多くの西洋建築、折衷建築をものすることになる。

ブリジェンスは居留地などの施主から建築を請け負うが、施工業者である日本人の協力を得なければ工事はできない。だから、神奈川奉行所の普請請負人である喜助や、イギリス公館の普請にも携わった高島嘉右衛門《かえもん》らと互助の関係を築く必要があった。

嘉右衛門の姓の高島は、現在の横浜市西区高島に記念的な地名として残っている。新橋〜横浜間鉄道敷設で、湿地だった平沼（現在の横浜駅東南エリア）の入江口を埋め立てた功績によるものだ。この埋め立てによって鉄道路線は平沼方面に迂回することなく、海上をとおって神奈川方向にまっすぐ敷くことができた。

喜助や嘉右衛門にとって、欧米の技術者たちのパートナーとして西洋建築の工事を手がけることは、これから急激に日本に浸潤してくるであろう西洋の建築土木技術の知識を吸収する一番の近道だった。

ところが階級意識の強い欧州系の技師たちにしてみれば、日本人はあくまで工事現場の労働力、下請けでしかない。そこには厳とした偏見や差別が存在する。しかし自由と平等の国アメリカで生まれ育ったブリジェンスは、欧州の人間ほど偏見が強くなかったのではないだろうか。

だからこそ、日本人の協力者を味方につけ、ほかの国の外国人建築家たちに差をつけて、日本の地で数多くの建築をものすることができた。そして「西洋建築の祖」と呼ばれることになった。

中渡書付の受領後の夏の日、喜助はブリジェンスと面会した。そのくだりが『清水建設百五十年』に記されている。

八月一日、江連加賀守（堯則）よりシドニー・ロコック宛手紙には、二代喜助がブリジェンスに面会したことが書いてある。これによると、ホテルに使用する諸器具について、米国へ購入を斡旋するから五千弗《ドル》払えと云つているが、喜助は、特殊な一部の品物を除き、ほかは横浜にて調達すると言つている。ブリジェンスも、それを諒承したことが書いてある。（原文ママ）

アメリカからの資材購入費用五〇〇〇ドルの要求。それを喜助は蹴っている。横浜でできるだけ調達すると宣言している。ブリジェンスの算定額を法外に高いと感じたのだろう。横浜で長く仕事をしている喜助は、そう判断できるだけの知識を備えていただろうし、全部とはいわないまでも、多くの資材は横浜でどうにか調達できると踏んだのだ。ブリジェンスの要求額には、彼が輸入業者から受けとる相当額のコミッションが含まれていたはずである。

実際に横浜で必要とする資材がそろったかどうかは不明で、結局は、外国から調達せざるをえなかったものも多かったのではないだろうか。なにしろ初づくしの建築だから、調達面で予想外のことが多発したはずだ。遠いアメリカからでなくても、欧米の商会が多く拠点を置いていた香港や上海には、日本で入手できない建築資材が豊富にそろっていた。

ふたりが会ったのは、おそらく横浜の運上所だ。ブリジェンスは希望条件を提示した手紙に「横浜で打ち合わせをするときは運上所か自宅で」と書いていたし、清水屋はこのころ横浜宮川町に新しい店宅を構えていた。宮川町から居留地の運上所までは、徒歩でそれほどかからない。

通訳ができる人間を手配することも、清水屋横浜店では日常的にしていただろう。あるいは、のちに嗣養子となって清水屋を継承する村田満之助《まんのすけ》がこのころ横浜店宅に寄寓していたが、居留地のイギリス人について学び英語が得意だったから、彼が通訳をしたのかもしれない。

横浜開港場の運上所は、築地ホテル館と同様の擬《ぎ》洋風建築（西洋建築に似せた建築）の木造二階建てで、現在の神奈川県庁近くに置かれていた。所管は神奈川奉行所で、ここで税関業務がおこなわれるほか、警察権や裁判所の機能も有していた。日本人と外国商人が商談をする場もあったから、そこで会ったと推察できる。

運上所の目のまえには、象の鼻のかたちに湾曲した大きな東波止場（イギリス波止場）

と、それより小ぶりな西波止場（税関波止場）の二本の突堤が海に突きでている。

沖合には、インドシナや香港、上海を経由してやってきた大型船舶が錨を下ろしている。艀や多くの小船がそのあいだを行き来して、埠頭では大勢の荷役夫たちが汗にまみれて甲斐甲斐しく動きまわっていたことだろう。

横浜での貿易はこのころ順調に伸びていた。

長崎・横浜・箱館の開港直後は、長崎が輸出入額で圧倒していたが、慶応三年には巨大消費地である江戸に近い強みから、横浜が輸出額全体の八割、輸入額では七割を占めるまでになっていた。

横浜での輸出は生糸が、輸入では武器や船舶が主となっていた。一大輸出産業に成長した生糸は、相場の騰落を繰り返しながらも、こののち明治新政府の富国強兵策の原資となっていく。

喜助が正式にホテル建設の請負人となったそのころ、小栗忠順が主導してきた兵庫商社が神戸で産声をあげようとしていた。

関西の商人に出資を募った日本初の株式会社組織で、兵庫開港にさいして、貿易で諸外国に蹂躙されないための対抗策だった。小栗が設立の建議をしてからわずか二カ月ほどで許可がだされ、実現の運びとなった。

建議書は、兵庫が開港されるにさいしての注意点として、先に開港していた長崎、横浜では欧米諸国にいいように富を吸いあげられてしまった経緯に触れ、それに続けてこんなふうに訴えた。

「商人はいつまでも自分の店だけで小さな商売をやっていないで、資金を集約して共同のカンパニーを設立し、資本力の強い外国のカンパニーに対抗していかなければならない。そうしないと国の富が奪われる一方となる」

実際、英米の商社などは資本力にものをいわせて巨利をむさぼっていた。日本の輸出で最大の額を占めるようになっていた生糸などは格好の標的となり、大量に購入するからと声をかけて日本の商人に荷を集めさせ、しかしすぐには買わず、相場が暴落するのを待って一気に買い入れるという悪辣な手法もとった。

小栗は、将来的に資本規模の大きい日本のカンパニーを各開港場でいくつも設け、その利益から税を徴収して、ガス灯や郵便制度など社会インフラを欧米並みに整備することも建議書で提案していた。

株式会社制度と社会資本の整備を結びつけた発想は斬新だったし、明治新政府も結局はそれに沿ったやり方を踏襲することになった。遣米使節として渡米したさいに、小栗は、中米のパナマ鉄道で株式会社経営の仕組みを学んだが、それが建議の礎となったのだった。

# 第3章　どんな建物だったのか

## ●水準測量のエピソード

イギリスと幕府のあいだで交わされた江戸居留地開設に関する往復書簡のなかに、喜助が工期の目安を幕府に示した「ホテル手續」（西暦八月一三日付）がある。

一　水盛根切《みずもりねぎり》　八月九日より取掛居申候、九月廿日迄ニ出来
一　地形扞《かん》等盤石其外居方　同
一　土台其外切組建方　八月十八日より切組取掛、十月十五日迄建方仕候
一　家根《やね》方　十月十五日より取掛、十一月五日迄出来

一　外廻瓦扞海鼠漆喰共　　十月十七日取掛、十一月十五日迄出来
一　石段階下水縁石共　　十月十七日取掛、十一月廿日迄出来
一　床面羽目其外共造作建具釣方　十一月五日より取掛、同晦日迄出来
　但、建具類井窓枠之儀、八月廿八日より取掛居候積り御座候
右之通、手続奉申上候以上

旧暦の八月九日に水盛と根切、つまり水準測量と基礎掘削にとりかかり、基礎工事を九月二〇日までに終える。一〇月中旬には上棟、一一月中旬までに屋根と外構工事を終えて、同月末までに内装工事も完了する。大まかにいえばそういう工程表である。

たったの四カ月弱ですべて終えるというのは、どう考えても無理な話だ。だからこれは、喜助が町奉行から正式に受けとった中渡書付にあった「一一月九日までに終了させること」という工事期限に従って、とりあえずのスケジュールを描いてみたまでで、喜助自身こんな短期で完了できるとは、はなから思っていなかっただろう。

竣工は結局、翌年八月までずれこむことになる。当然だろう。それでも一年きっかりで完成させてしまうのだから、すごいといわざるをえない。

ブリジェンスが基本設計をものしたあと、約束していた工事監理やアドバイス業務を履

行しなかったらしいことは前述したが、ひとつだけ彼が築地の現場にやってきて手がけた重要な作業があった。

それは水準測量である。建物を建てるまえに、地点間の水平面、高低差をだす作業で、古い言い方で「水盛」という。

『都市の明治―路上からの建築史』（初田亨著／筑摩書房）はその点に、つぎのように触れている。


ブリジェンスが、工事の監理をしたという記録は、公文書にはない。しかし、大工棟梁・野村某の話として「あの築地の広場に、どうして水盛りをするんだろうとみんな危ぶんでいたが、いよいよ水盛りをすることになった。水盛りをしたのは西洋技師だったが実に偉いものです。海の潮の満ちるのを待って、いっぱい潮が満ちた時に水を測って水盛りをした。潮で水を盛ったところが、すっかり水盛りができた。清水組の親方が驚いてその話をしたことがある」と伝えられている。ここでいう西洋技師とはブリジェンスを指し、清水組の親方というのが清水喜助を指していることは明らかである。（中略）ブリジェンスが、職人たちが考えもつかなかった海の潮の干満を利用して、大きな建物の水盛りを一度に行っていたことが知れる。

大工棟梁の野村某の話は『史話 明治初年』（同好史談会編）からの引用だが、なかなかおもしろいエピソードだ。

五カ月分で一〇〇〇ドルの給料（全額受領したかどうかは不明）で契約し、毎週、土曜の昼から月曜午前中までは現場で監理業務をおこなうと自らいっておきながら、すぐに音沙汰なしとなったブリジェンス。

しかし初期段階での非常に重要な作業である水準測量だけは、日本人には任せられないと、横浜から乗合馬車で勇んでやってきた。そして、こういうふうにやるんだ、とばかりに標尺を手にして甲斐甲斐しく現場を歩きまわったのだろう。

## ●建設予算は三万両

着工に先立って、喜助はブリジェンスの助言を受けながら、さっそく建設予算の算定をはじめた。

なにもかもはじめてのことだから、予算策定作業はかなり難航したにちがいない。必要な設備はアメリカから一括して仕入れるというブリジェンスの主張に異議を唱え、喜助は、横浜で可能なかぎり調達すると宣言した。その手前、必要となるものの値段をいちいち居留地の外国商会に照会する必要があっただろう。

算出された総工費見積は三万両というものだった。

喜助の出資分（建設工事費用と相殺）と、知り合いからの出資分を合わせた当初事業資金は、その一割にも満たない二五〇〇両。あとは、小栗忠順が発案した株式制度による資金調達ということになる。

社中（カンパニー）を設けて、仕事仲間や材木商などに株を売りだす。一口が一〇〇両、何口でも購入可能で、利益がでたら年に一口分につき一〇〇両の配当金を支払う。それが出資条件となった。

かなりのハイリスク・ハイリターン型である。事業が順調にいけばうまい話だが、そうなる保証などどこにもない。だから、すぐに出資者があらわれるわけもない。外国人専用ホテルの意義を理解するだけでも、仕事仲間たちは少なからず時間を要しただろうし、それがはたして事業として成り立つのかの見当もつかない。当然のことながら株の引き受けは低調だった。

だが、資金計画の先行きは不透明であっても、幕府からせかされていることもあり、とりあえずは建築の施工概要を確定しなくてはいけない。ブリジェンスの基本設計にしたがって、喜助と清水屋の肝煎《きもいり》（支配役）連中はその作業に打ちこんだ。

そうして描きだされたホテルの計画概要は、つぎのようなものだった。

## 【敷地・建坪・延床面積】

江戸の海に面する操練所跡地のホテル敷地については「七〇〇〇坪」あるいは「七〇〇〇坪の一画」などと資料によって異なっていて、どっちが正しいのかは不明だ。五〇〇〇坪程度とする見解もある。七〇〇〇坪なら約二万三〇〇〇平方メートルで、よく面積イメージのたとえに使われる東京ドームの建築面積と比較すれば、そのおよそ半分弱。

ホテルは海側に日本庭園を持ち、正面には交易広場が設けていたのだから、それくらいあっても不思議ではない。しかし本館建坪一一〇二坪、別館建坪一〇四坪という建築の規模からすると「七〇〇〇坪の一画」が正しいような気がするが、この「一画」がどの程度を指すのかも定かでない。

そこに二階建てで、中央に小さな三・四階と物見台としての塔屋を載せた本館と、四棟の小規模な平屋建ての別館を建設する。この設計原図などは残っていなくて、現在は喜助の手になる施工用床状図（床や梁の骨組みを示す図面）の一部が残っているだけだ。ほかのものはことごとく明治期に頻発した火災で焼失してしまったようである。

この稿は、社史『清水建設百五十年』を基礎資料として記しているのだが、この書のなかで築地ホテル館について触れている章は、完成したホテルを描いた片観音開きカラーの錦絵を入れても一〇ページほどしかない。日本にとっても、江戸にとっても、そしてこの

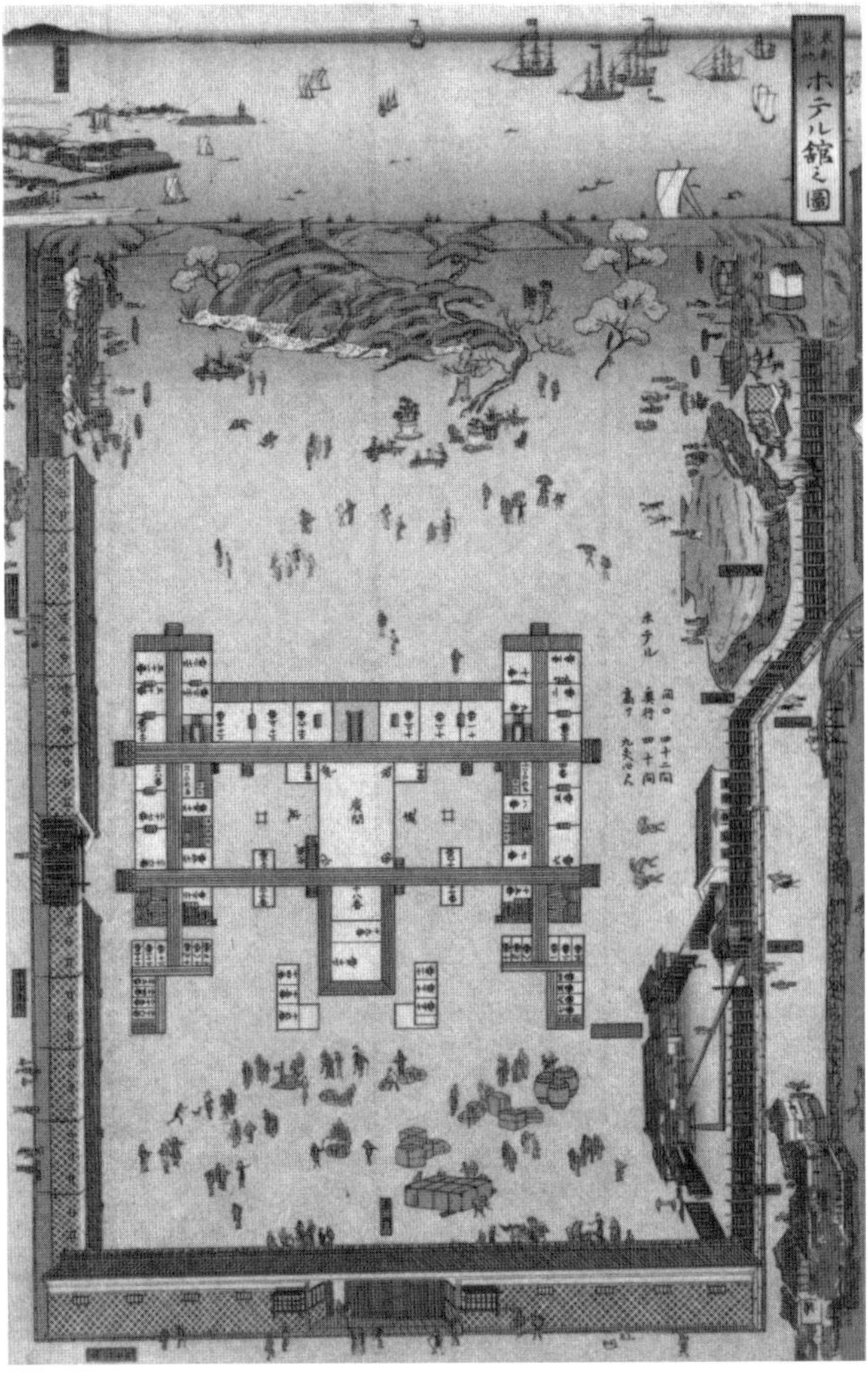


敷地全体を描いた錦絵「東都築地ホテル館之圖」［清水建設提供］

二階間取図と建物全体像「東都築地ホテル館之圖」［清水建設提供］

のち急成長する清水屋（のち清水店、清水組と改名）にとっても、これは記念的モニュメントとなる建築なのだが、資料がことごとく焼失してしまっているために、それくらいしかページを割けなかったのだろう。ただし、こんな証言も残っている。

喜助氏は自分が手がけた建築について、その図面や書類をいっさい後世に残さないことを主義とし、終生それを守ったという。

この一文を書いたのは国会議事堂や帝国劇場の設計に加わったことで知られる明治期の建築家・大熊喜邦《よしくに》で、彼は築地ホテル館に関していろんな記述を残している。たしかに攘夷派残党や強盗集団がうろついていた乱世で、建築の設計詳細をあえて残さないという判断は、安全保障上の観点からも正当なのだろう。ただしこの一文は伝聞であることを勘案しないといけない。はたして災害で残らなかったのか、あるいはあえて残さなかったのか、いまとなっては謎のままである。

清水組技師を経てのちに工学院大学教授となった堀越三郎が昭和四年にまとめた『明治初期の洋風建築』（丸善）は、残されたわずかな図面をもとに、同時期に写真に収められた周囲の建物の建築記録も勘案しつつ、建物の各階床面積・延床面積、および床高・階高をつぎのように規定し、本館の立面図や平面図も再現している（カッコ内は筆者補足）。ほとんどが消え去った設計原図の復元を詳細に試みたたいへん貴重な資料だ。

〈床面積〉

| | | |
|---|---|---|
| 一階 | 本館 | 七二五・八九坪 |
| | 平屋（別館） | 一〇四・七九坪 |
| 二階 | | 七一七・八三坪 |
| 三階 | | 四五・四一坪 |
| 四階 | | 九・七一坪 |
| 塔屋 | | 三・〇六坪 |
| 合計 | | 一六〇六・六九坪 |

〈床高・階高〉

| | | | |
|---|---|---|---|
| 一階 | 床高　地盤より | 三・〇尺（一・一m） | 階高　一三・五尺（五・一m） |
| 二階 | 〃 | 一六・五尺（六・三m） | 一三・五尺（五・一m） |
| 三階 | 〃 | 三〇・〇尺（一一・四m） | 一五・〇尺（五・七m） |

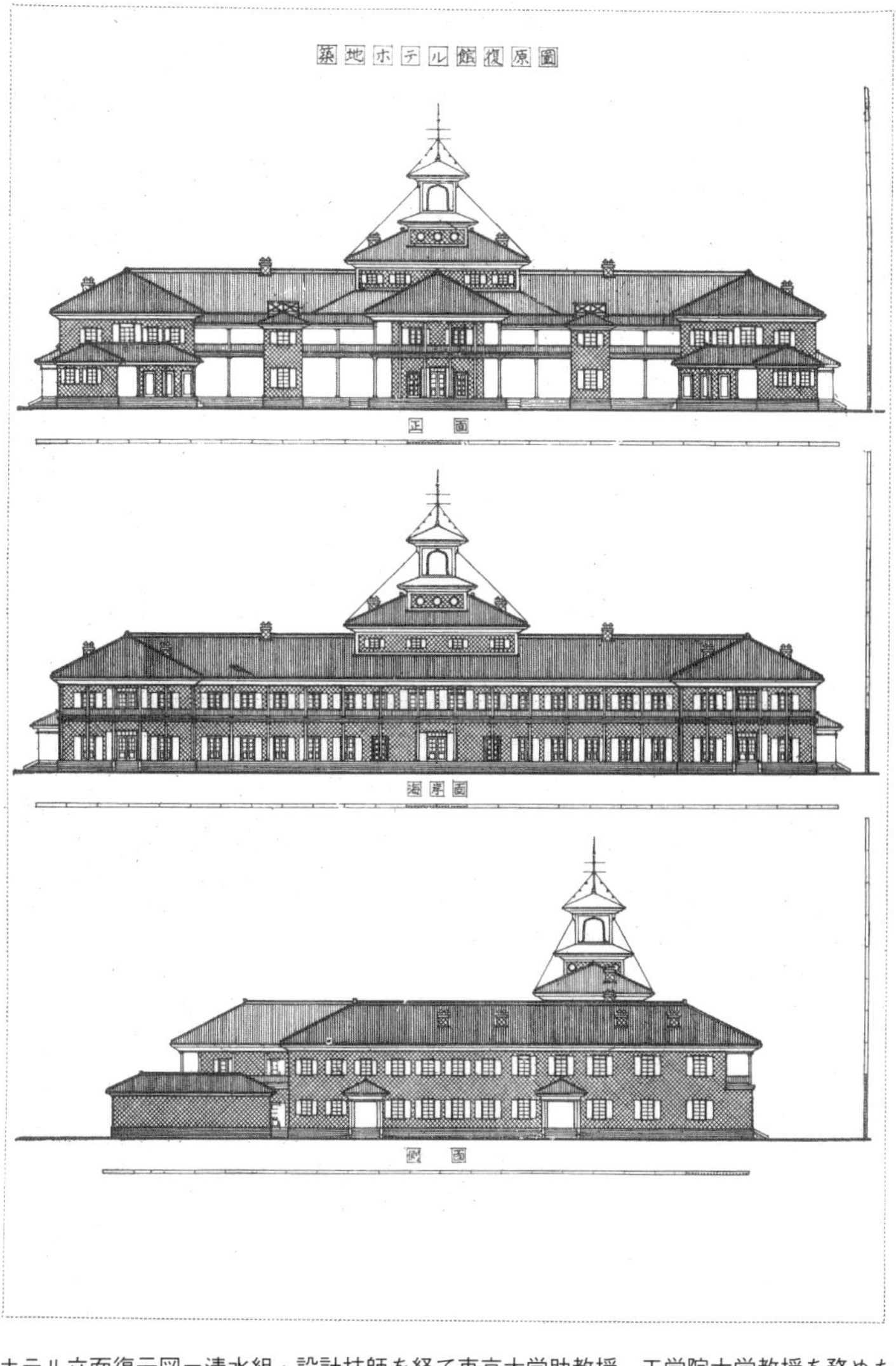


ホテル立面復元図＝清水組・設計技師を経て東京大学助教授、工学院大学教授を務めた堀越三郎が作成（『明治初期の洋風建築』丸善・昭和4年刊より）

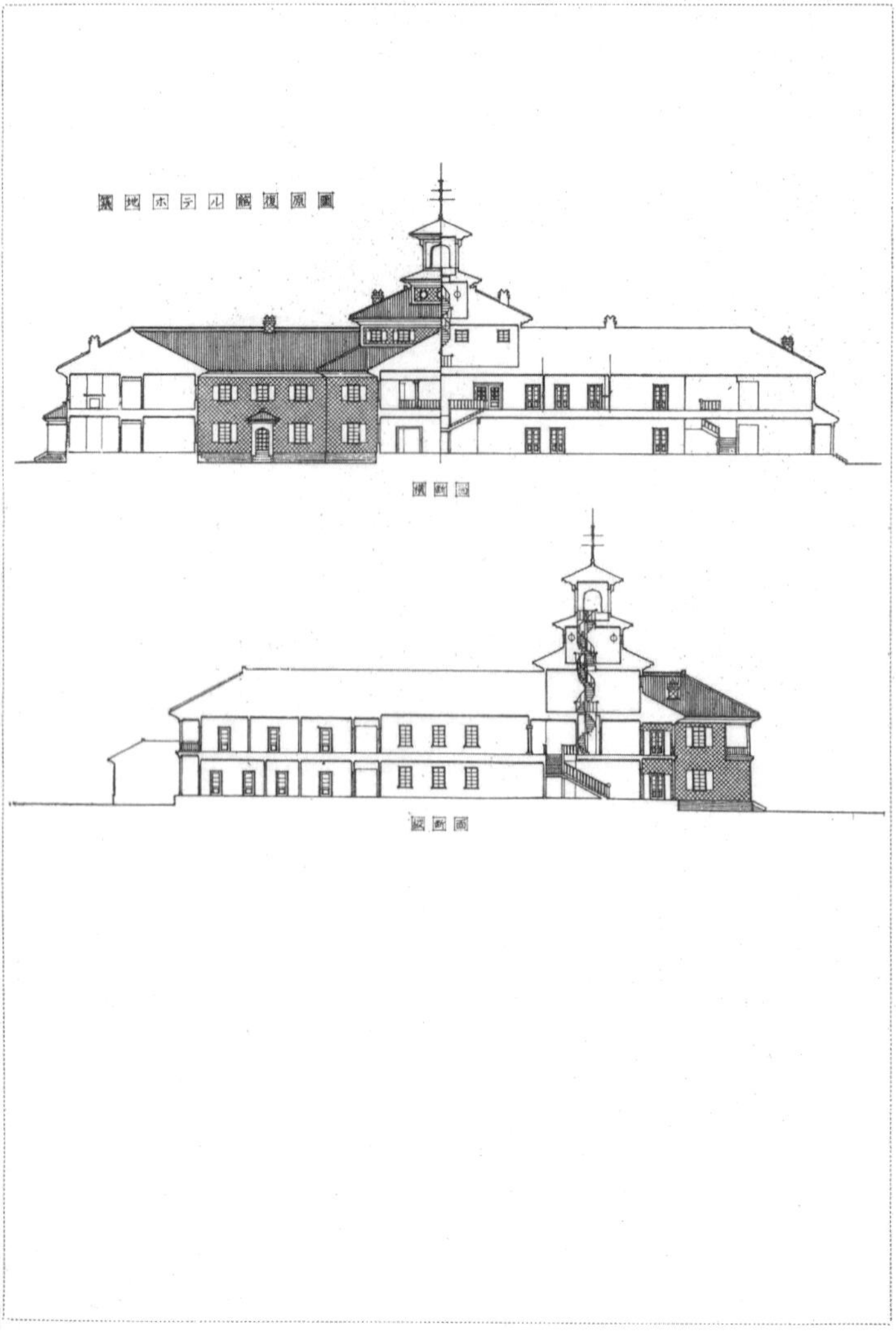


ホテル断面復元図＝同前

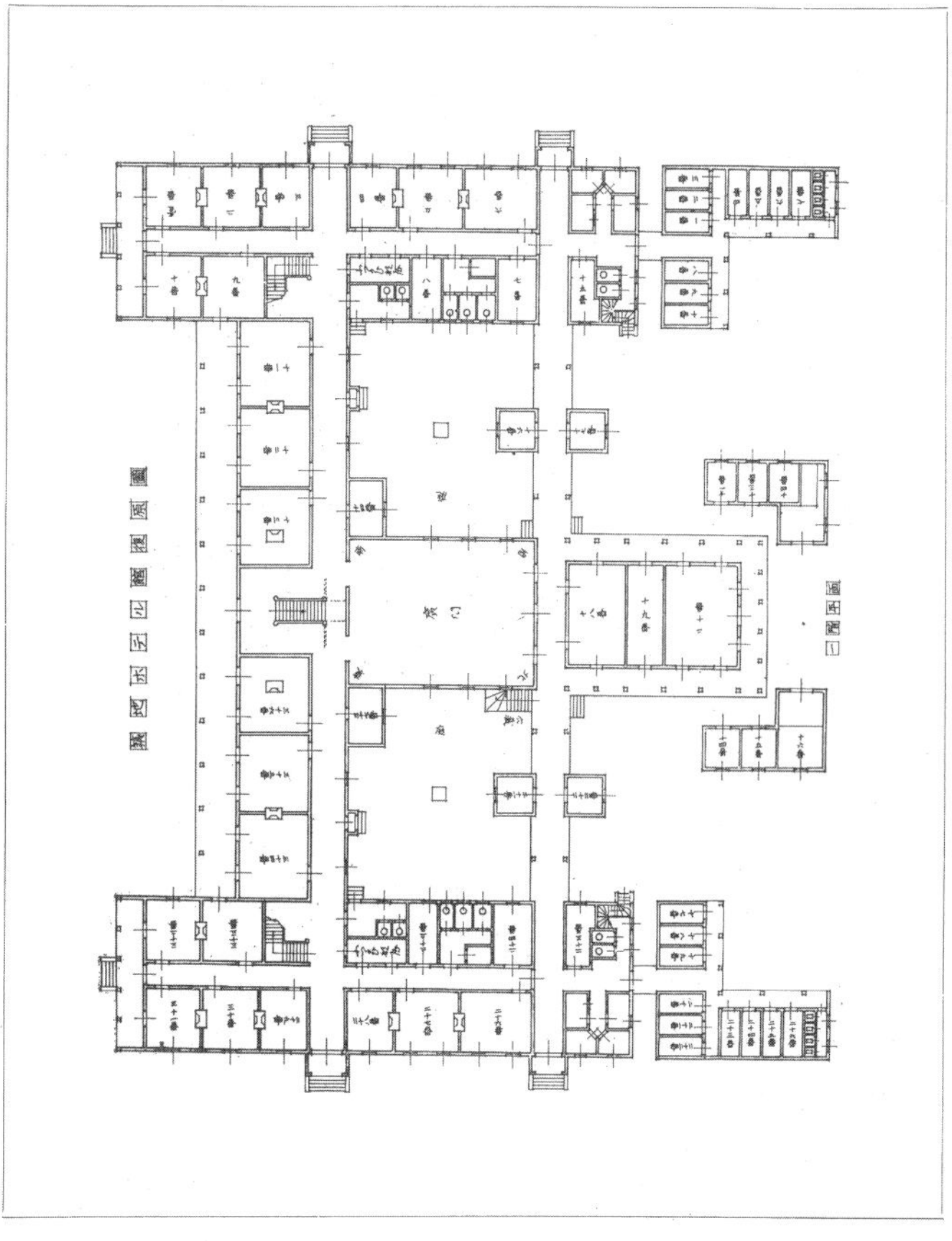

ホテル1階平面復元図＝同前

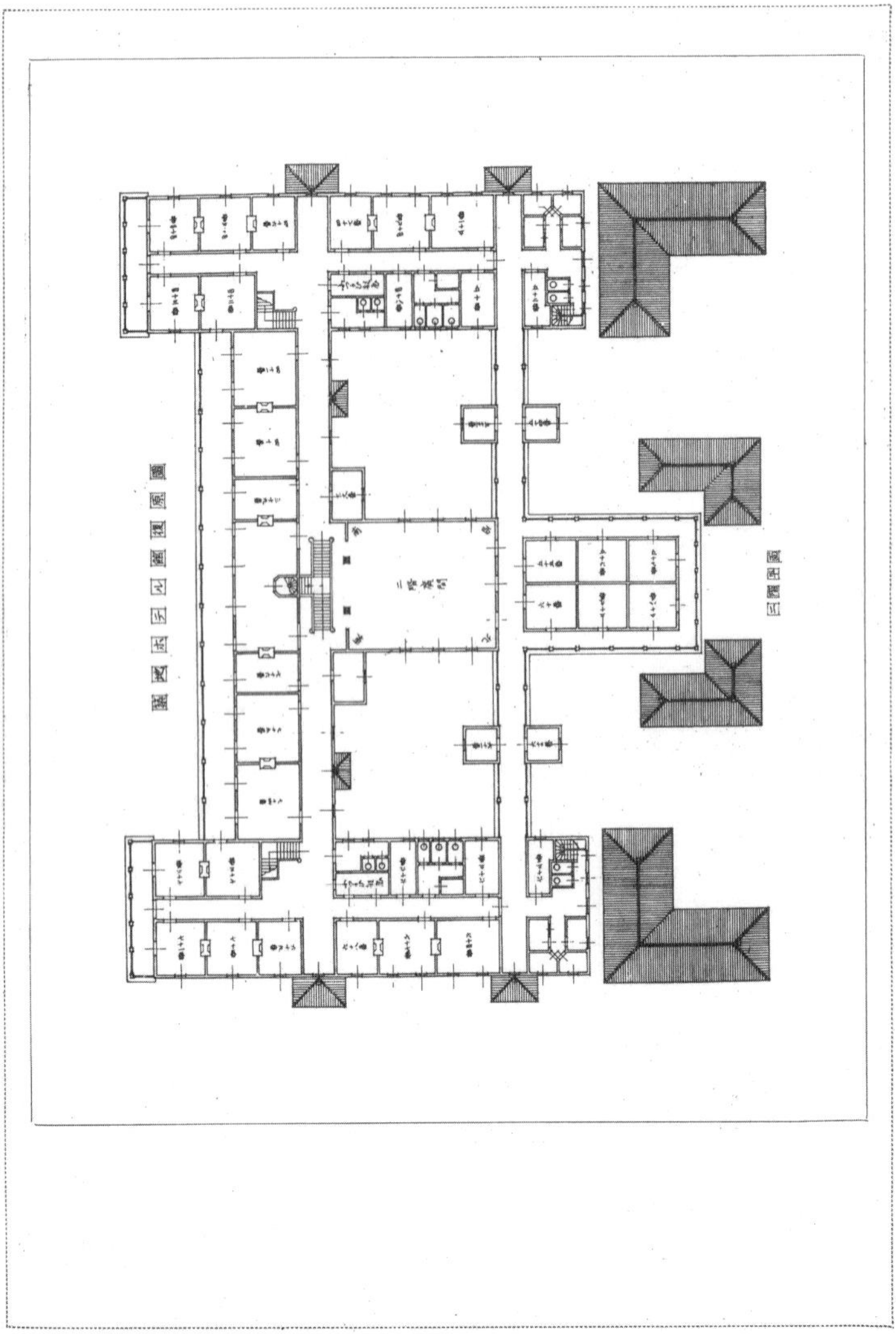

ホテル2階平面復元図＝同前

三階　屋根　〃　五四・〇尺（二〇・五m）
四階　床高　〃　四五・〇尺（一七・一m）　一三・五尺（五・一m）
塔屋　〃　五八・五尺（二二・二m）
塔の先端　〃　九四・〇尺（三五・七m）

建物の建築規模で近いものを現代に探せば、明治四二年開業の奈良ホテル（木造二階建ての一二九室＝増築の新館六五室含む）があるだろうか。敷地のあり方、建坪、延床面積などの具合は通じるものがある。ただし辰野金吾らが設計した奈良ホテルは、外構はあくまで日本の伝統建築なのだが。

それにしても客室階の階高五メートルはかなり余裕がある。天井高でも四メートルはあっただろう。現在の都市部のホテルは、客室数（階数）をできるだけ多く確保するためにラグジュアリークラスであっても階高四メートルあればいいほうだ。東南アジアや中南米で欧米の金持ちたちが建てた古き時代のコロニアル様式の建物は、暑熱対策から天井がとにかく高かった。

そのコロニアル様式の原則を、江戸にもそのまま持ちこんだかたちなのだろう。しかし、客室暖房（石炭による暖炉）を備えていたとはいえ木造で断熱工法の発想もないこの時代、天井がやたらと高い客室は、冬季にはやはり寒かっただろう。

【施設概要】

正面、つまり前庭側に設けられた四つの別館は、本館に泊まる客の従者などが泊まるためのものだったと推察できる。

身分のちがう者がおなじ建物に止宿しないことに加えて、暴漢が襲ってきたときに従者たちが対処する防御線の役割も、別館は負っていたのではないだろうか。攘夷派残党や強盗が、まだ江戸のまちをうろついていた時世である。

本館のまえに置かれた別館と、長屋門づくりの正門とのあいだには、交易場としての広場がある。本館裏の海側には日本庭園が築かれ、茶室や東屋が置かれた。列強の意向を汲みつつ、幕府が喜助に押しつけてきた建築条件は大仰なものだった。資金はいっさいださないが、幕府の威厳を保つためにも豪壮なものを建てろというわけである。

ちなみに、各種の錦絵に描かれた海側の日本庭園は非常に広い印象を受ける。錦絵というものは、訴求力を高めるため誇張やデフォルメをあたりまえに許している。しかし実際の広さはさほどでもなく、コロニアル様式の本館建物と海岸の石垣のあいだの長細いスペースに設けたものだったようだ。

スコットランド生まれのジョン・ブラックが一八六一年ごろに横浜で創刊した隔週刊の写真英字新聞『The Far East』(当時は前身の『Japan Gazette』)は、その海側からのホテルの鮮明な全体像を掲載している(本書カバー表1の写真)。これをみると、ホテル本館裏側からほどなく柵と石垣の岸壁があって、やはり日本庭園がそれほど広くないことがわかる。非常に鮮明な画質であり、同紙の写真技術の高さを証明する一枚といえる。

資金はださない幕府だが、当然のことながら口ははさむ。喜助としてはおもしろくなかったはずだが、その一方で、どうせやるなら世間のだれもが瞠目するようなものを建ててみたい、という思いもあっただろう。新しい時代の建築を模索してきた清水屋、その技術を世に広く示すためにも、江戸初のホテル建築は格好の機会といえた。

ホテルのありようは、いまでいうなら「海浜のシティリゾート」といったところである。本館二階の海側客室や広間のつづきには、コロニアル様式のベランダが設けられていた。眼前の海には、五大力船や押送《おしおくり》船が風を帆にはらんで走る。水深の浅い江戸の湾内を航行できるこれらの運搬船は、江戸流通機構の重要な担い手だ。廻船が運んできた米、酒、醤油、海産物、綿布、〆粕《しめかす》などを積みかえて隅田川をのぼり、掘割の問屋街へと分け入っていく。それらを指差して微笑む外国人の姿が、工事現場に立つ喜助の脳裏にはありありと浮かんでいただろう。

【建物構造・意匠】

本館を俯瞰すると「山」字型をしている。尖ったほうが西北方向（江戸城方向）の正面側、下辺のほうが東南方向（海側）の裏側ということになっている。この「山」字型や「コ」字型は、世界のコロニアル建築ではよくみられる様式だ。

正面側の前庭には、四つのL字型をした平屋建ての別館が互いちがいに規則正しく配列された。これは本館の尖ったほうの空間要素の不足分を補い、建築全体のバランスをとる役目も担っている。

つまり、本館と別館の配置を俯瞰して平面でみるなら、全体として方形に収まる設計なのである。このあたりはブリジェンスによる設計の妙なのだろう。本館の両翼と両外側の別館二棟は、一階が廊下で結ばれている。

本館の「山」のまんなかの縦棒の下半分（海側）にあたる部分には、一階、二階ともに大広間が置かれた。残された平面図や錦絵による配置図をみると、レストランにあたる空間がどこにもみあたらないが、この一階もしくは二階のどちらかの大広間がレストランとして使用されていた可能性がある。

図面には厨房にあたる区画が本館のどこにも記されていない。三代歌川広重の手になる錦絵『東都築地ホテル館之圖』では、本館にむかって左から二番目の別館から料理らしきものを運びだしている使用人の姿が描かれているので、あるいは別館に厨房があったのかもしれない。

ところが図面上は、この別館各棟にそれぞれ客室三部屋が並んでいるので、一部屋使用なら一〇平方メートル程度しかない。それで一〇二室の宿泊客の食事を賄うのは無理だろうから、やはり厨房はどこかべつの場所にあった可能性もある。

そして最大の謎は、表玄関らしきものが本館にみあたらないことだ。ふつうなら「山」の尖ったほうの先が玄関にあたるわけだが、図面や錦絵による平面図をみると、その一階部分には客室（一八番〜二〇番の三部屋）が並んでいて、玄関らしきスペースがみあたらず、客室部分の奥がいきなり大広間になっている。

客室の並びの外側の周囲がベランダ式の回廊となっているので、あるいはそこから直接、館内に出入りしていたのかもしれないが、外国人の応接を目的とした立派な施設にもかかわらず、表玄関がないというのはちょっと理解に苦しむところである。

ただ、清水建設で自社の歴史的建造物を研究する設計者はこんな見方もする。

「本来、正面は海側だった可能性も否定できない。船で表玄関に乗りつけるというのは、イタリア・ベネチアやオランダの運河に面した大建築ではよくみられる。築地ホテル館も海側のベランダがとても見栄えよくつくってある。あるいは当初、岸壁に面して玄関と一階大広間につづくアプローチを設けることを考えていたのではないか。雑多な群衆が集う交易広場＝荷さばき場なども、本来なら表側ではなく裏側につくるべきものといえる」

なるほど、興味深い仮定だ。海側ではなく江戸城側が正面になったのは、あるいは幕府の差し金だったのだったかもしれないし、宿泊者警護の都合上、やはり陸側に玄関を設けないといけないという判断があったのかもしれない。

建築の造作に話をもどそう。一階大広間の奥の海側に、二階につづく大階段がある。踊り場で両翼にわかれて二階につながるT字状の階段である。なお本館の両翼部分にも四カ所に小階段が設けられていた。

二階屋根のうえには小規模な三階と四階が載り、ここにもそれぞれ宴室があった。とくに三階宴室は階高五・七メートルで天井高が高く眺望もよかったから、江戸の風景や海を眺めながら接待ができるような、まさにそんな特別な空間として企図されたものだろう。四階は別館客室（一〇平方メートル）程度の広さの展望室的なもので、窓は丸窓だった。さらにそのうえに物見台の塔屋があった。

二階以上からは江戸前の海、鉄砲洲で造成が進む外国人居留地、江戸の広大なまちなみ、房総半島、筑波山、さらに西南方向には遠く富士山も眺めることができた。三階よりうえの階を行き来するための階段は螺旋《らせん》階段になっていて、塔屋の物見台までいくにはかなりの段数を踏まないといけなかった。
このホテルの建物は、日本の建築史では擬洋風建築として区分される。このあたりについては『日本の近代建築─幕末・明治篇』（藤森照信著／岩波書店）の説明が詳しい。

擬洋風は明治とともにはじまり、一〇年前後にピークを迎え、二〇年以降には消えてゆくから、時代としては文明開化ときれいに重なる。わずか二〇年の生命であったが、形式は三系統に分かれ、まず幕末から明治初期にかけて〝木骨石造《もつこつせきぞう》系擬洋風〟が先行し、ついで〝漆喰系擬洋風〟が現われてピークを飾り、その後、〝下見板《したみいた》系擬洋風〟に取ってかわられる。

木骨石造系というのは木造の表壁に石や平瓦を張るもので、実例としてはナマコ壁の新潟運上所がある。漆喰系というのは木造の表面を漆喰壁で包む伝統の左官技法によるもので、松本の開智学校が代表作となっている。下見板系は土壁に代えて下見板を張りペンキを塗ったものをさし、山形の済世館を代表とする。

つまり築地ホテルは「木骨石造系擬洋風」ということになる。そして武家屋敷や蔵の建築でよく用いられていた海鼠《なまこ》壁を採用した。この海鼠壁の採用は一説によるとブリジェンスの発案というが、いずれにしても当時の耐火外壁としてはこのあたりが最良のものだった。土壁のうえに平瓦《ひらがわら》を貼りつけて、その目地に白漆喰をカマボコ状に盛りあげてつくる海鼠壁は、漆喰壁よりももらい火や風雨に強く、蔵建築によく用いられる。それをよく残すまちなみとしては伊豆の下田や松崎、岡山の倉敷などが知られている。

海鼠壁採用の結果、築地ホテル館の建物は、客室の周囲にベランダが巡るコロニアル様式でありながら、壁面全体が黒と白のコントラストが鮮明な海鼠壁で覆われる、摩訶不思議な和洋折衷様式となった。上半身はジャケットとタイを着用しながら、下は袴と草履をはいているような風情なのだが、この時代にはそれがたいそう〝おしゃれ〟だったのだ。

さらに一・二階の客室階と三階の広間階は洋風ながら、そのうえに載る四階と塔屋は寺院様式という具合である。塔屋の窓は、寺院でよくみられる釣鐘状のかたちをした花頭《かとう》窓で、軒先には風鐸が吊られていた。

喜助はおそらく、二階か三階まではブリジェンスの基本設計に従ったが、そこからうえについては自身の判断で意匠を変えたのではないだろうか。その根拠は、横浜吉田町に明治七年に建てた清水屋店舗の設計に求めることができる。

築地ホテル館着工の約一年前の慶応二年一〇月。横浜末広町の豚肉業者宅からでた火は、日本人街や遊郭街にあっというまに燃え移り、外国人居留地にも延焼するという大火災となった。いわゆる豚屋火事である。横浜進出の足がかりとした清水屋の坂下町店宅も、それに巻きこまれて焼失してしまった。

そこで喜助は吉田町に移転して店を設けたが、これもまた火災で焼失したので宮川町に移転した。そしてふたたび吉田町にもどって新築した店舗は火災に強い堅牢な擬洋風建築とした。

この大規模な店舗は二階建てに塔屋が載った和洋折衷様式で、一・二階が擬洋風であるのに対し、物見台である塔屋は完全に日本ふうの趣だった。その構成とデザイン要素は、築地ホテル館そのままなのである。喜助にとっての先端的建築とは、そういう異文化要素の融合、共演、あるいはぶつかり合いを意味していた。完全な西洋式とすることにはためらいと抵抗があった。

そこにはおそらく、江戸でも屈指といわれた宮大工である初代喜助から継承したＤＮＡが作用していたはずだ。西洋と日本、双方の技術探究心が彼のなかでぶつかり合い、さまざまな相克が生じ、それが創造へのエネルギーに転化していったのだろう。

ホテルで導入された和の意匠については、本館塔屋以外にもホテル建築の随所にあった。正門は大名屋敷を想わせる長屋門だったし、その奥の前庭に明治二年に追加設置された洋風アーチ状の門にも、木鼻《きばな》（動物などの造形による寺社建築の装飾）がつけられている。アーチ状門は洋式、装飾は和式。自分なりの折衷様式のあり方、アイデアを、清水屋の命運を賭けた築地ホテル館で昇華させてみたい。喜助はそう念じながら設計と施工に入れこんだのだろう。

こうしてブリジェンスによる洋と喜助による和の意匠の競演は、ときに不協和音を響かせつつも強烈なインパクトを生むことになった。

建物の内装に関する資料はまったく残されていないが、わずかに雰囲気を伝える一文がある。大正三年に『建築雑誌』（明治二〇年創刊の日本建築学会会誌）に掲載された、前出の建築家・大熊喜邦の筆になる「築地ホテル館考」である。

当時医学生にしてホテル館の内部を縦覧したりし有坂某の談を綜合すれば、内部は主として白漆喰を用ひ室内には往々壁紙張とせし部分あり。各所に壁炉を備へ其前飾《まえかざり》は黒漆喰とし蒔絵を施し、窓牖《そうゆう》には単簡なる緞帳を懸け、木材は多くペンキ塗とせるが如く、中央玄関の正面を以て大階段室とし三階を通ぜる一大階段を設けたるが如し。

建物内部は白漆喰塗りが基本で、客室は壁紙を張っていた。窓にはカーテンがさがり、木部はペンキ塗りだった。館内のパブリックスペースや客室に設けられた暖炉は、開口部分を黒漆喰で囲み、そこに蒔絵を施していた。インテリアもまた洋式を基本としながら随所に和の趣を用いて和洋折衷としていたらしい。コロニアル様式でありながら海鼠壁を用い、さたに寺院様式の塔屋を頂上に置いていた外観とおなじである。

【客室】

客室は、本館一階に三七室、二階に三九室が設けられ、前庭の平屋の別館四棟には合計二六室。全部で一〇二室だった。

客室面積は、本館が一六～三三平方メートルというところで、六〇平方メートルを超す特別室もあった。また別館客室は約一〇平方メートルで統一されていた。時代は大きくちがっても、客室面積の基準が現代とそれほど変わらない点は興味深い。本館はシティホテル、別館はビジネスホテルに置き換えられるだろう。

現在でも、古いビジネスホテルのシングルでは一〇平方メートルがめずらしくない。新設のビジネスホテルになるとシングルやダブルは一三平方メートル程度がスタンダードとなるが、現代のビジネスホテル客室の広さは幕末明治からそれほど変わってないということである。三三平方メートルは、現代の高級ホテルの標準的ツインルームの面積に相当する。

【付帯施設】

トイレは、本館の一・二階には洋式がそれぞれ六カ所ずつ、計一二カ所に置かれ、別館四棟は和式が二カ所だけだった。シャワー室も複数個所に設けられた。本館一階には台をふたつ置いたビリヤード室、それにバーがあった。アメリカのホテルでは当時、ビリヤード室は定番の娯楽施設としてかならずといってよいほど設けられていた。

このあたりの施設や設備のあり方は、ブリジェンスによる指定もあっただろうが、小栗忠順が加わった遣米使節の一行が残した日記に登場するホテルの細かな描写なども参考にしたのではないだろうか。小栗もあるいは、直接的あるいは間接的に、設備設計上でなんらかのアドバイスをしていたのかもしれない。

## ●激しい物価上昇の壁

総予算をとりあえず三万両と見積もり、喜助は出資者集めを急いだが、反応はどうにも鈍い。重圧が日々増していく。

重圧となったのは出資の低調さだけではなかった。開国が誘発し、しだいに激化してきたインフレーションが、この先たいへんな重荷となっていく。必要な建築資材・機器の価格がどんどん上昇していたのだ。

運輸省（当時）が昭和二一年に刊行した『日本ホテル略史』が記すところでは、ホテルの建築費総額は最終的に一〇万ドルに膨らんだという。リチャード・ブリジェンスへの報酬のくだりで前記したドル・両換算レートからすると、これは七万八〇〇〇両ということになる。

三万両と七万八〇〇〇両。当初見積額の二・六倍で、たいへんな開きである。ただし、それぞれがどこまでの建設費用の範囲によるものかは不明で、単純には比較できない面もあろう。一〇万ドルという額がそもそも正確なのかも定かではない。清水建設にもこうした建設総費用に関する記録は残っていない。

ただ、この当時の物価上昇の度合いが、ハイパーインフレというべき状態を呈していたことは明らかだ。東京都公文書館『東京都史紀要』は、開国から明治政府樹立までの九年間（安政六年〜慶応四年）の江戸の物価変動をつぎのように記録する。

米＝三・七倍
水油＝四倍

繰綿《くりわた》＝四・三倍
蠟＝二・四倍
干鰯＝三倍
〆粕＝四倍
材木＝二・五倍
紙＝三・四倍
和砂糖＝三・二倍

こうしたひどい物価上昇は明治に入ってもまだ続いたから、慶応三年七月のホテル計画策定時から翌年八月の竣工までわずか一年のあいだにも、国内で調達する木材や金具類、横浜に入ってくる外国製のいろんな設備資材の値段が急激に上昇していたことはまちがいない。

また喜助は、アメリカから一括して設備資材を輸入すべきと主張したブリジェンスのアドバイスに反して、可能なかぎり横浜で調達すると宣言した。だが横浜の外国商社が足下をみて、値段をかなり高く吹っかけてきたとしても不思議ではない。

おそろしいまでの物価上昇は民衆の不満、生活不安をあおり、国内のあちらこちらで打ちこわしが続発した。幕府に終焉を迎えさせた要因は、諸藩による倒幕運動だけでなく、この民衆不満の大波濤にもあったとされる。

そもそもインフレの原因をもたらしたのは開国だった。日本が長崎・横浜・箱館を開港すると、欧米の商人が大挙してやってきた。そうすると日本の小判＝金がどんどん海外に持ちだされるようになり、反対にドル銀貨が国内に溜まるという現象が起きた。

当時の金と銀の交換比率は日本では一対五だったのに対し、国外にでると一対一五となり、とんでもない開きがあった。つまり小判の価値が国内では異常に低く設定されていた。外国人は交易上の必要額をはるかに超えて、大量のメキシコドル銀貨（一ドル）をまずは一分銀と交換し、それを両替商に持ちこんで小判に交換した。そして小判を海外で大量に売りさばいて巨額の差益をふところにした。

この遠因をつくったのはアメリカ初代駐日領事のタウンゼント・ハリスだった。日米和親条約の締結後、下田で、彼は幕府側と邦貨と米貨の交換比率についての交渉をおこなった。

幕府側は日本の本位貨幣である金と、名目貨幣の銀との価値基準をもとに、一ドル銀貨一枚＝一分銀一枚を主張した。しかしアメリカ側は、一分銀にはそれだけの実質価値が伴わないとして一ドル銀貨一枚＝一分銀三枚を主張して譲らなかった。結局、幕府側はハリスに押し切られることになった。

小判の激減に焦った幕府は、銀の小判への交換を大きく制限しようとしたが、アメリカやイギリスは血相を変えて反対した。そこで幕府は苦肉の策として、メキシコ銀貨の洋銀を混ぜて、金の含有量を少なくした万延二分金を大量に鋳造するようになった。万延貨幣改鋳である。

それは幕府財政逼迫を緩和する策でもあったが、改鋳がさらなるインフレを招くこととなり、いろんな物価を押しあげた。それだけではない。こうした貨幣自体の問題に加えて、維新による政治・社会の混乱が流通を滞らせることで、インフレの進行をさらに加速させることになった。それがようやく収束したのは、戊辰戦争が終わって明治となり、幣制改革がおこなわれてしばらく経ってからである。

物価上昇に加えて、ホテル計画が持ちあがった慶応二年ごろから完成までの同四年までのあいだは維新による無政府状態に近い状況だったので、あらゆる建設資材とその移送の料金にプレミアが乗せられていたことも想像に難くない。

### ●時代は風雲急を告げて

慶応三年（一八六七）の八月九日、築地ホテル館の建築工事がいよいよはじまった。新暦では九月の初旬で、夏の暑さがようやくおさまり、虫の音がにぎやかとなるころだ。

その一カ月と少しまえには、土佐藩の後藤象二郎、坂本龍馬が、薩摩の小松帯刀《たてわき》、西郷吉之助、大久保一蔵と会い、王政復古の密約を結んだ。ホテル着工の翌月には薩摩・長州・芸州の三藩同盟が結成され、いよいよ倒幕挙兵が現実化してくる。同時に山内容堂が後藤象二郎らに、幕府への大政奉還の建議を命じる。

一〇月になると、岩倉具視が天皇の外祖父である中山忠能《ただやす》の代理として、薩摩藩に対し倒幕の詔書を授け、長州藩の官位復旧を許す。将軍徳川慶喜が大政奉還を奏請したのはその翌日のことである。

時代は風雲急を告げる。そんななかでのホテルの着工である。喜助も、政治の大転換、動乱の兆しを感じとり、これは急がないといけないと危機感を強めただろう。

築地の軍艦操練所の跡地には、まだ火災で焼けた操練所の残骸も残っていて、それらを撤去するところから工事ははじまったはずだ。喜助は、ホテルというものを建てるのははじめてだったが、横浜で洋館建築の経験を積んでいたから、建物自体の実施設計と施工については未知の世界というほどではなかった。それまでの施工事例とは比較にならないほどの大規模建築であったとしても。

しかし建物の内装や、トイレ、浴室、石炭ボイラーなどの水道設備関連工事、食堂の厨房設計、客室家具の手配などは、その規模の大きさと複雑さにおいて、それまで経験していた洋館建築とはまったく次元がちがう。

一から研究して試行錯誤を繰りかえすこともたびたびだった。本来なら、こうした面でこそブリジェンスのアドバイスや施工監理能力が必要だったが、「或る程度まではホテル建築に参画したようであるが判然としない」という『清水建設百五十年』の記述からは、そうした役務を提供することはなく、いつのまにか姿をみせなくなっていたことがうかがえる。

リチャード・ブリジェンスの関心はこのころ、すでにほかのプロジェクトに移っていた。その最大のものが鉄道駅舎だった。

江戸と開港場の横浜を鉄道で結ぶ構想は、ホテル着工の以前からあった。アメリカ公使館の代理公使を務めていたアントン・ポートマンは、幕府老中で外国事務取調掛総裁の小笠原長行《ながみち》に江戸〜横浜間の鉄道敷設を持ちかけていた。

日本側は土地を提供するだけで、敷設にかかわる費用はすべてアメリカが負担するという条件だった。人員・貨物輸送の大動脈となるはずのこのルートを独占できればアメリカは大いに儲かるので、建設費用の負担など安いものだった。

結果、小笠原はアメリカに鉄道敷設の免許を与えることになるが、その契約日が新政府樹立（王政復古が宣言された慶応三年一二月九日）のあとだったため、明治新政府はこの免許の効力を認めず、計画はご破算となる。だが、構想自体はそのまま新政府に引き継がれ、イギリスの銀行からの融資を得て、外国の手ではなく新政府の手によって鉄道開通は実現することになる。

ブリジェンスにとっては、鉄道開設を持ちかけていたアメリカは母国であり、新政府樹立に動く薩長土佐と通じているイギリスは大の得意先である。鉄道開設に関する幕府の意向や計画関連情報を入手することは、それほどむずかしいことではなかった。

だから、日本に大政変があるにしても、江戸〜横浜間鉄道開通はかならず実現するという確信を大きくしていた。実現のあかつきには歴史に名を刻むであろうその駅舎の設計を受注すべく、着々と準備をはじめていたのだろう。

その思惑どおりブリジェンスは、築地ホテル館焼失とおなじ明治五年に開業した新橋〜横浜間鉄道で、新橋停車場駅舎（現在の汐留）と横浜停車場駅舎（現在のＪＲ桜木町駅のある場所）の双方を手がけることとなった。

築地ホテル館の計画では、途中で業務を放擲していなくなってしまったリチャード・ブリジェンス。だが、この日本近代建築史と鉄道運輸史の一大エポックに加え、横浜に残した数々の洋館建築によって、日本の西洋建築黎明期に残した足跡は偉大なものとなった。

激しい物価上昇に苦しみながらも、喜助たちは工事に邁進した。

株の引き受けは低調なままだが、当座の工事資金はなんとか集まった。材木も手配し、工夫も集めた。もうあと戻りはできない。工夫たちが現場を甲斐甲斐しく行き来するなか、喜助は、敷地の海に面した場所にたびたび立って思いをめぐらせたことだろう。

眼前に江戸前の海原が広がる。左側には、外国人家屋と日本人家屋が混在する相対借地《あいたいがりち》（雑居区）が隣接していて、その先の鉄砲洲の競貸地区《せりがし》（外国人居留専用区）では居住区の造成が進んでいる。

鉄砲洲の先、隅田川の河口近くには、むかしはべつの砂洲島だったが、造成によって一体化した石川島と佃島がある。佃島は、江戸開府のときに摂津国の佃村から移住した漁師たちが住みついた島である。

石川島には、嘉永六年（一八五三）に日本初の洋式造船所が築かれた。洋式造船技術を蓄積していた水戸藩が、幕命を受けて建設した石川島造船所で、旭日丸、千代田形《がた》などの幕府軍艦がここですでに建造されていた。

しかし安政三年（一八五六）に就役した旭日丸（排水量七五〇トン）は動力機関を持たない帆船、慶応二年完成の千代田形は、洋式蒸気艦ながら排水量がわずか一四〇トンとおもちゃのようなものだった。

たとえば一八五二年に就役して小栗忠順ら遣米使節を乗せてアメリカにむかった蒸気艦・ポーハタン号などは排水量三七六五トン、それに随行した幕府所有の蒸気艦・咸臨丸（オランダ製）が六二五トンと、外国製と国産の差は歴然としていた。だからこそ、小栗忠順は本格的な造船施設である横須賀製鉄所の開設を建議したのだった。

南に視線を転じると、攘夷派集団ににらみをきかせる目的から外国軍艦が碇泊している品川の海がある。その手前には、大砲を据えた海防の砦である六基の台場が並ぶ。

ペリー来航に危機感を抱いた幕府が、すぐさま造設を決定した台場は、西洋の海防要塞の構築技術を参考として、品川洲崎から深川洲崎にかけて一一基を築く計画だった。だが予算不足や政変もあり、最終的には六基にとどまった。工事は嘉永六年八月末に開始し、第一・第二・第三台場の築造時に集められた工夫の人数は五〇〇〇人を数え、総工費は七五万両におよんだ。その台場も、ホテル建設の槌音が響きはじめたころには、ほぼ役目を終えて機能を停止していた。

「はやいとこやっちまわないと」

喜助は焦燥に駆られたことだろう。世間は終息の気配がみえない物価上昇に激烈な不満を抱き、国体に途方もない変化が訪れることを察知して浮足立ち、ざわめいていた。

「この先どうなるか、わかったもんじゃない」

築地ホテル館着工の前年の慶応二年五月。大規模な打ちこわし事件が、開港をひかえた兵庫（神戸）で起きた。それはすぐに米相場の堂島を擁する大坂に飛び火し、数日にわたって関西広域が大騒動になった。米価はじめあらゆる物価が暴騰することに、関西庶民の怒りが一気に爆発したのだった。

打ちこわしの機運は東海道を伝ってほどなく江戸にも波及し、それまでよりも数段大きな騒動に発展した。江戸だけでなく、周辺地域の農村にも暴力革命が襲った。金貸しの蔵や役場にその矛先はむかい、借金の証文や土地台帳を焼き払うようなことが方々で起きた。以前なら町奉行所や諸藩の警護方にすぐ制圧されるところだが、幕府も諸藩も、財政難から治安体制を大きく弱体化させていた。そして幕府の権威は地に堕ちていた。庶民は、はばかることなく幕府の悪口を口にして世直しを叫んだ。

## ◉喜助と平野弥十郎

社中を設け、一株一〇〇両の出資を募ってホテルの建設費、運営費をまかなう——。

小栗忠順の発案によって実行に移された株式制度による資金調達計画は、この時代としては画期的なもので、小栗自身が兵庫開港にともなって設立を主導した兵庫商社とともに、日本の株式会社制度の先駆けとなった。

この経緯の記録もまた残念ながら残されていないのだが、参考になるのは平野弥十郎《やじゅうろう》が残した日記である。土木請負人だった平野弥十郎（ホテル建設当時の旧名は弥市）は清水屋の仕事仲間で、築地ホテル館の出資要請に応じて株を買い、ホテル建築工事にも参画した。

彼はまた、神奈川台場の築造、新橋〜横浜間鉄道敷設の埋め立て工事にも加わり、開拓使技術者となった後年には北海道の道路網整備に尽力した人物である。四男の伊藤一隆は、サケ・マス孵化場を開設するなどして北海道水産業近代化の父となった。

筆まめな弥十郎が綴り続けた日記は『平野弥十郎幕末・維新日記』（桑原真人・田中彰編著／北海道大学図書刊行会）として読みやすく編纂されているので、この本から現代語に換えて引用し、ホテルの社中運営のあらましや、資金難に喜助が苦労していた状況をたどってみる。

まずは、喜助がホテル建設者募集に応じた経緯について。

木場の鹿島清兵衛と信州の吉池泰助《やすすけ》という者が資金提供者兼身許保証人となって、清水はこの大事業を起こすことになった。設計図面と施工仕様とも幕府の意向を汲むかたちである。清水に属する柳屋伊右衛門をはじめ五、六名を差配人（役員）として社中に置くことになった。

鹿島清兵衛は木場の材木商だ。活躍する清水屋にとっての重要な材木調達先、かつ有力な後見人的立場で、日本の長者番付である「大日本改正持丸長者鑑《もちまるちようじやかがみ》」（明治一三年）に東之方前頭として名が載るほどの資産家である。この時代の木場材木商は権勢を誇っていた。

吉池泰助は信州飯沼村（現在の上田市）出身の生糸商人で、信州だけでなく、当時の主たる生糸産地・集積地だった上州や八王子でも生糸を買い集め、それを輸出拠点である横浜に運んで大きな財を築いた。築地ホテル館が完成すると、その差配人（役員）にもなった。

泰助は、居留地の外国商社との生糸取引で横浜にたびたび滞在し、建築工事で活躍する喜助と顔見知りとなっていたのだろう。また材木商の清兵衛も、神奈川奉行所関連の仕事を継続的に受注し、新時代の建築に果敢に挑戦する清水屋の将来に賭けてみようと考えたものだろう。

このふたりが、海のものとも山のものとも知れない外国人用ホテルの事業に多額の出資をし、さらに喜助の身許保証人となったわけである。

そして吉池泰助と柳屋伊右衛門をはじめ五、六人が社中の役員となった。弥十郎が「清水に属す」とした柳屋伊右衛門については『清水建設百五十年』にその名の記載がないので、喜助個人の知己かもしれない。

弥十郎は、自分が出資に応じた経緯についてこう記す。

清水と私はむかしから昵懇の間柄だが、彼は事業着手にあたって私を招き面談の場を持った。今般の大事業では（私に）敷地の整地、基礎構築、足場組立てなどをやってもらいたいが、じつは社中にはまだ資本金がない。近いうちに株仲間を集めて社中を設け、一株につき加入金一〇〇両、何株買うも自由とする。加入者は一株につき年一〇〇両の配当を得ることを約款に定める。この株金を集金したらすぐに代金を支払うので、ぜひ工事に協力してほしい。また組合の株仲間にもなってもらいたい。清水はそう説くのだった。

仕事仲間であることにつけこんで、いますぐ支払う金はないけれど工事に協力してほしい、さらに出資も頼みたいという喜助の懇願。あまりの強引さに呆れる弥十郎である。

着手資本金は鹿島より材木現物で一〇〇〇両ほど、吉池より現金で一〇〇〇両、清水より大工手間賃金に代えて五〇〇両ほど、合わせて二五〇〇両ばかりが集まった。そのほかは加入者より株を募集するという山師の企てなのだが、私も仕方なくその依頼に応じて二〇〇両、二株分を負担した。

三万両の総予算には遠くおよばないものの、とりあえずこれで二七〇〇両ほどの資金調達がなったわけだ。「山師の企て」とケチをつけたのは彼の諧謔でもあった。弥十郎は元服したころから狂歌を習いはじめ、歌詠みをずっと続けていた。おかしみのある諷刺や皮肉は得意なのだ。この日記にはそんな脚色が随所に顔をのぞかせる。

喜助から受注した仕事の進め方についても、こう記している。

私はホテルの内外装、屋根瓦葺き、漆喰塗装などの左官仕事を請け負ったが、その量があまりに多いので、森田屋藤助と相談して二者でこれを引き受けることにした。ただしこれについては清水から当分その代金を受けとることはできず、募集金（加入金）から追々払ってもらうことになった。左官仕事については森田屋の本職なので、工事いっさいを森田屋に任せて、その利益見積のうち一〇〇両だけ私が収受し、それ以外はどれだけ利益があがっても自分は関係しないと約束した。

森田屋藤助は常々ともに仕事をする間柄だった。弥十郎は出資に応じただけでなく、喜助に、いつ工事代金が支払われるかわからない仕事にも引っぱりこまれてしまった。大きな儲けを生むことになるかもしれないが、その逆も十分に考えられる。断ることもできず山師の事業を手伝うことになってしまったが、軌道に乗っている土木請負人としての家業は、なにがあっても守っていかなければならない。

藤助とのあいだで結ばれた元請け・下請けの契約は、そのためのリスク分散策でもあったのだろう。本業とする土木分野でも、喜助からさらに作業依頼があった。

築地川の浚渫をも清水から引き受けたが、これもまた工事代金は募集金が入ったら追々払うという約束である。すぐに深川猪の堀の土船仲間頭取である鉄五郎に依頼して、本所深川扞浅草組の土船を多数集めさせ、この年中、浚渫工事にかかわった。

左官の仕事は藤助に任せたが、土木工事は弥十郎の領分である。ホテル敷地の近くを流れる築地川の浚渫工事、その手間賃もまたすぐに支払われる見込みはない。喜助の支払い条件はことごとくこんな具合だったようで、山師と揶揄されても仕方あるまい。

弥十郎の日記はまた、社中による材料費や手間賃の支払いの滞りと、それに憤る業者たちのようすをおもしろおかしく伝えている。いかに喜助をリーダーとする社中が、とんでもない自転車操業を余儀なくされていたかがわかる。

そのころ清水本人は、ホテル敷地の外に立派な建屋を建てて加入者扱所とした。俗にいう山師の玄関である。さて、この年の大晦日となった。自分と森田屋はかねてより組合から代金を受けとれないことを承知していたので、下請け連中への支払いは自腹ということでさしつかえなかったが、独立して請け負っている職人連中は大いに困った。そこで代金の督促のため一〇〇人ばかりが詰めかけ、夜半まで扱所を占拠して催促したので、清水代理人である柳屋伊右衛門が対応して連中をなだめた。このとき自分は、一首の狂歌を紙に書き、扱所のまんなかに張りだしてやった。

加入者扱所とは社中の事務所だが、「山師の玄関」とはまた手厳しい。そこに慶応三年の大晦日、工事職人が押し寄せた。

「いますぐ代金を払ってくれないと年が越せない。餅代もない。どうしてくれる!」

もうまもなく除夜の鐘が鳴る。このままでは正月を迎えることができない。女房には手間賃をもらうまでは帰ってこなくていいといわれてきた。職人たちも必死である。

対応したのは社中差配人の柳屋伊右衛門だ。資金難解決の糸口がみえないなか、支払いたくても金は手もとになく、言い訳をするのもさぞや辛かったことだろう。そんな伊右衛門の窮状を横目にしながら、弥十郎は狂歌を一首ひねりだす。

いつきても　うそをつきじの扱所　あす払ふとはうまく伊右衛門

さあ払え、払え、と声高に叫び目を吊りあげていた職人たちも、それを目にして思わず笑った。落語のオチのような話だが、これが事実だったのか、あるいは弥十郎の脚色なのかは定かでない。

この平野弥十郎の日記からうかがえるのは、一口一〇〇両の株の引き受けが低調で、社中が資金的にかなり困窮していた状況だ。「山師の企て」はそれほどにリスクが大きく、仕事仲間たちもおいそれと賛同する気になれなかったのだろう。結果からすれば、引き受けなくて正解だったのだが。

だが、世情不安定で先の読めない時代だからこそ、簞笥預金をしていても不安で仕方なかった。政治の大転換が起これば、同時に貨幣価値も暴落する可能性だってある。だからこそ逆に、いろんな投資に持ち金を差しむける者も多かった。生糸などはその典型だろう。

それにしてもこの日記が描くところの清水喜助は、『清水建設百五十年』の「真面目で実直」という人物像とは異なり、弥十郎がいうように山師的で人間くさいところを感じさせる。

もっとも、だれもつくったことのない大規模な外国人用ホテルを、この政情不安な時代につくると決めた時点で、すでに山師、博徒だといえるだろう。そうでなければ、設備や備品調達が手探りとなる前代未聞の建築を完成させることなど、とてもできなかったはずだ。

新しい時代の、新しい建物をつくる――。その信念を貫いていくには、真面目で実直なだけでは無理だったのである。

# 第4章　開拓者精神とホテルの評価

## ●コレラ大流行の生々しい記憶

慶応三年の年内に――。イギリスの無謀な要求によって、わずか半年しかなかった築地ホテル館の工期だったが、そんな短期で建てるというのはもとより無理で、慶応三年八月に着工した建築工事は結局、慶応四年八月に竣工した。きっかり一年である。

いま、鉄筋コンクリートの一〇〇室規模のホテルを建てるとしても工期だけで一年、自治体への届けなど準備期間を含めれば最低二年は要する。未知の領域だらけで、すべてが人力による工事を一年で達成するのだから、これは驚きというしかない。奉行所からせかされていたにしても、喜助の側に強い実現動機がなければとても遂行できなかった。

竣工を迎えた慶応四年八月は、新暦なら一〇月初旬で、秋が深まりつつある時季である。すでに将軍徳川慶喜は恭順し、官軍は上野の彰義隊攻撃を終えて、会津など東北の総攻撃にかかっていた。ホテル竣工の直前、新政府は江戸を東京と改称した。旧幕府海軍副総裁だった榎本武揚は、官軍に引き渡すくらいならと、奥羽越列藩同盟支援のために幕府所有の軍艦八隻を仙台にむかわせた。九月八日(新暦一〇月二三日)、元号が明治と改められた。

正確な開業日がいつだったかは記録が残っていないが、竣工からまもない八月一五日前後ではないかと推測されている。この日は、再三延期されていた江戸開市の予定日だったからである。もっともこの予定日も、維新のごたごたでまた三カ月ばかり延期されたわけだが。

日本で初の一〇〇室超の規模、日本人が経営する外国人専用ホテルという特殊な位置づけ、外国人料理人が料理長を務める西洋料理レストラン、数多くのシャワールームや洋式トイレ、お湯を供給するための石炭ボイラーの設置と複雑な給排水系工事――。

それまで横浜の外国公館や商会事務所、外国人居宅の施工を手がけたことは何度もあったが、今回は規模と設備体系の複雑さがまるでちがう。喜助と清水屋にとってはほとんどが未体験ゾーンで、試行錯誤の連続だったはずだ。だがその試行錯誤によって膨大なノウハウを吸収することができ、新時代の建築屋としての可能性を飛躍させた。

結果的にはホテルの利用客があまりに少なくて経営が破綻し、喜助は大きな負債を抱えることになってしまったのだが、この経験はなにものにも代えがたいものを清水屋という組織体に残したにちがいない。

苦闘の軌跡は、文書や図面によって伝承すべき記録として残され、大切に保管されていたはずである。ところが幕末から明治にかけては頻繁に大火災が起こり、清水屋の東京と横浜の店宅も何度も類焼に遭っているので、そうしたたぐいのものはみな焼失し、残念ながら今日に残されてない。今日あるのは、喜助の手になる一部の床伏図面の写しだけである。清水家が所蔵していたその唯一の図面原本は関東大震災で焼失したという。

だが、紙の図面や文書が消え失せても、喜助をはじめ現場の各責任者の脳裏には施工の詳細ノウハウがたしかな記憶として残った。その無形の財産と難工事を乗りきった自信が、このの ち日本初の銀行事業進出を目指した三井組の建築をはじめ、東京市のランドマークとなる建築を数多く手がけていく原動力となっていく。

工事のなかでは地味で、あまり目につかない分野だが、防疫に寄与する下水処理系の構築の経験は、清水屋にとってたいへんな難題であると同時に、大きな収穫だったのではないだろうか。

安政条約による開港からは、人や物資の出入りが海外とのあいだで激増し、日本国内でそれまでなかったような疫病が蔓延する機会が急拡大したからだ。疫病は、武士階級を除く町人人口だけでも五〇～六〇万人に達し、世界有数の人口密集都市となっていた江戸にとっての宿命的な厄災だったが、なかでもコレラは難敵中の難敵だった。

築地ホテル館が開業する一〇年前の安政五年（一八五八）五月に、アメリカ軍艦のミシシッピー号が中国から長崎に回航してきた。その乗組員にコレラに感染した者がいて、まず長崎で流行した。上海ではたびたびコレラが発生していたのだ。

人の流れとともに海路と陸路で関西へ、さらに江戸へとコレラ菌が運びこまれ、八月になって江戸を大流行が襲った。死者は一〇万人とも二〇万人ともいわれる。江戸のまちの方々に葬列がでて、職人はいくら棺桶をつくっても追いつかないという状況だった。あまりの惨状に、幕府は六万両分の米を困窮した江戸住民のために放出した。

幕府の軍事的なうしろ盾となっていたフランスは、コレラ予防・治療に関する意見書をまとめ、それに沿って幕府は啓蒙に努めたが、屎尿を肥料として保管、流通させる循環体系が確立していることもあって、予防は簡単なことではなかった。

その翌年の安政六年夏にもコレラ流行はあり、幕府は川に汚物やごみを捨てることを禁止した。文久二年（一八六二）夏には江戸でまたコレラ大流行が起こり、七万三〇〇〇人の死者をだすことになった。

罹ればころりと死ぬと恐れられたこの疫病は、庶民のあいだで「コロリ」といい慣わされた。胃酸で死なずに小腸まで達したコレラ菌は、そこで爆発的に増殖してコレラ毒素を大量につくりだし、細胞膜をどんどん破壊する。細胞に入りこんだ毒素は内部の水分と電解質を流失させ、それが米のとぎ汁様の水便となって一日数リットルから数十リットルも排泄されることになる。そして嘔吐も繰り返す。

患者を抱える家はひたすら神仏に助けを乞うしかなかった。知識がないため排泄物や吐瀉物にうっかり触れて、また感染が広がっていく。その連鎖を断ち切ることは容易でなかった。

そんな苦難の記憶がまだ生々しいころに立ちあがった、江戸での外国人用ホテル建設。欧米の政府関係者からは、上下水の厳格な分離と屎尿処理に関しての要求が声高にだされていただろうし、ブリジェンスもそれを設計に反映していたことだろう。

本館に計一二カ所設置された洋式トイレと、複数個所のシャワールーム、それらから流れでる下水を集約する配管設計、敷地内のどこかに置かれたであろう貯留槽……。築地ホテル館においても、屎尿を一カ所に集めて処理しやすくする館内システムの構築はなされていたはずである。館内でのそうした処理系の大規模構築は、おそらく清水屋にとってははじめての経験であり、後世の建設事業展開に引き継がれていくことになる。ただし、外国居留地を中心とする築地一帯の新開発区域でも、下水を流す単純な排水溝は掘られたものの、屎尿処理までを含む下水道体系の概念は、まだ影もかたちもなかった。

幕末のころの日本では、上水提供網（井戸を含めて）は発達していたが、下水道についてはその概念すらなかった。排水溝の汚水が井戸などに流れこんで、疫病が発生するということはあたりまえにあった。

下水道が日本ではじめて東京で整備されたのは明治一七年（一八八四）になってからである。政府雇用技師であるオランダ人のJ・デ・レーケのアドバイスを得て、内務省と東京府が計画したものだが、これとてまだ雨水と汚水を排水溝に流すものにすぎず、屎尿処理まではまったく含まれなかった。最初の整備区域に選ばれたのは神田区域で、人口密集地ながら水はけが悪く、伝染病の罹患率が高かったことが理由だった。そのため「神田下水」と呼ばれた。

しかしその後の整備は遅々として進まず、これが東京市全体を対象とするようになるのは明治四四年になってからだった。そして全国で屎尿を含む下水道の整備を目指すようになったのは、ようやく昭和になってからで、本格的に普及していったのは戦後になってからである。

## ◉外国人利用客の評判

築地ホテル館は外国人専用として建てられたわけだが、実際にこのホテルを利用した外国人の評価はどんなものだったのだろうか。

開業後、ここに実際に逗留し、その印象を書きとめたイギリス人がいる。幕末から明治への日本の変遷を綴った『New Japan』の著者、サミュエル・モスマンである。彼はこの著書のなかで築地ホテル館のことをつぎのように評価している。

このホテルは、欧米の最高級のホテルに匹敵する。庭園は美しく、眺望はすばらしい。建物は長さ二〇〇尺、幅八〇尺で、高さ六〇尺の鐘塔があり、欧州なら三〇〇人を収容できる規模だが、日本式で余裕のある客室の配置のため、一〇〇人にとどまる。食堂のほかにビリヤード室、接客室がある。長い廊下、ベランダもある。食事は質が高く、食事代こみの宿泊料金は三ドルすなわち九分（一分銀九枚＝筆者注）である。

この当時、アメリカ主要都市の一流ホテルも宿泊料金は三ドル前後だったから、築地ホテル館はそれと同等ということになる。この部分は「日本の顔となるような外国人の応接ホテル」という位置づけを裏づける貴重な記述といえる。

ちなみに明治二三年（一八九〇）開業時の帝国ホテルの宿泊料金は、二食つきで二円五〇銭～九円だった。当時のレートは一ドル＝約二円だったので、一ドル強～四・五ドル程度ということになる。ただし新貨条例が定められた明治初期から二〇年代のあいだに、円の価値はほぼ半減している。

またアーネスト・サトウも回想録『A Diplomat in Japan』で、開業直後の築地ホテル館についてつぎのように記している。

居留地に建てられた宏壮なホテルへ行った。このホテルは、徳川政府が管理して外国人を宿泊させるために造られたものだった。この辺の商業地域は大いに活況を呈していた。往来は特に官軍の侍で雑沓していたが、それに反して、城下の大名屋敷のあたりへ行くと、死の町も同然のさびしさだった。

そのホテルというのは、周囲に庭園をめぐらした、絵にかいたような美しい二階建の家で、長屋越しに湾を見渡すことができた。庭園の樹木が見事で、気持のよい植え込みもあった。

自分が通訳として間接的に建設促進にかかわってきた外国居留地のホテルは、開業すると噂で持ちきりとなった。どんな出来具合なのか、サトウは楽しみにしてホテルを訪れたのだろう。

錦絵が売れて、ホテルの周囲は見物客でごった返していたはずだ。そのあいだをすり抜けながらたどりついた建物は、彼の目に壮麗なものに映った。建物の上階からみえる海の景色や日本庭園もとても気に入った。

江戸城周辺の大名屋敷地一帯が寂れていたというのは、大政奉還して恭順した徳川慶喜が、江戸詰めの諸大名や旗本に対して「みな領地に帰って、民衆の安寧をこころがけよ」という下知をおこない、官軍の江戸攻めの心配もあって、彼らがいっせいに国許に引きあげていたからである。

天保期に一三〇万人前後で最大規模となった江戸の人口（町人人口は約五九万人）は、明治維新によって五八万人にまで縮小していたというから、新政府軍関係者を除けば、ほぼ町人だけという状態だったのだろう。江戸城西側の山手の寂れ方はとくにひどく、昼間でも女のひとり歩きは危険とされたほどだった。

## ◉料理長は日本フランス料理界の始祖

ホテルの建築については史料が少ないながらも残っているのだが、それでは、どういう体制で運営がおこなわれていたのかという点については記録がまったくなく、謎である。

外国人専用ホテルなのだから、その運営責任者であるホテル支配人にはもちろん外国人がついていた。しかし「イギリス人のブラウン」また「フランス人のジョゼフ・リュエル」の名が伝わっているのだが、どちらも確たる裏づけがなく、どうもはっきりしない。後者については、後述する築地外国居留地のオテル・ド・コロニー支配人と同姓なので混同した可能性もある。

ホテル建設に関して列強側の窓口となったのはイギリス公使館だから、その実務担当だったシドニー・ロコック書記官あたりが紹介したとすれば、やはりイギリス人である可能性が高い。あるいは設計者のリチャード・ブリジェンスが紹介したということも考えられる。

ホテルがなんとか運営していた期間は二年足らずだが、その支配人が築地のホテルを去ったあと、日本のホテル黎明期になんらかのかたちで貢献していたとすれば「日本初の本格的ホテルの支配人」として名を残しているはずだ。しかしそれがどこにも伝承されていないところからすると、築地ホテル館の経営破綻後、あるいは経営悪化のどこかのタイミングで見切りをつけて、さっさと日本をあとにしてしまったのかもしれない。

支配人はそんな具合で顔がよくみえないのだが、しかし料理長については素性がはっきりしている。フランス人のルイ・ベギューである。

はっきりしている理由は、築地ホテル館を辞したあとも彼が日本にとどまり「日本フランス料理界の父」と称されるほどの功績を残したからだ。

彼は、築地ホテル館を去ったあと、外国人資本によって横浜に開設されたグランドホテルの料理長に就任した。また、そのグランドホテルを辞めてのち神戸に移り、居留地につくったオリエンタルホテルの経営者兼料理長となった。このホテルは現在ある神戸オリエンタルホテルのルーツである。

そのルイ・ベギューは、どうして日本にやってきたのか。

ベギューの叔父（この存在については異説もある）は、上海のフランス租界で商会のハウスコックをしていて、ベギューもその手伝いをしていたらしい。叔父はやがて横浜居留地の活況を伝え聞くと、上海に見切りをつけて横浜の地に移り、慶応元年にオーベルジュ（小規模宿泊施設を併設したレストラン）のオテル・ド・コロニーを開業させた。ベギューもそこで料理の腕をふるっていた。

そうして横浜での評判が伝わり、築地ホテル館の料理長に推挙されたもののようだ。だれが推挙し、幕府奉行所や経営者の清水喜助とどのような交渉を持ったのか、そのあたりの記録はない。おそらくは明治新政府樹立まで幕府との関係が密だったフランス公使館が介在したのだろう。

「こんど首都の江戸に外国人専用ホテルができる。一〇〇室規模の立派なホテルで、これまで日本にそんな施設はなかった。そのホテルの料理長になる気はないか」

領事なのか、公使館書記官や通訳官なのかはわからないが、そんなふうにベギューに対して話を持ちかけたのだろう。支配人などはともかく、こと料理長ということになれば、なんとしても世界一の料理文化を誇る自国の人間でなければならぬ。フランス国役人たちにはそんな矜持が確固としてあったはずである

さらには築地ホテル館だけでなく外国居留地全体の開設交渉でリーダーシップをとっていたイギリスへの対抗心も、フランスにはあっただろう。

いずれにしても後年の活躍や、実際にその料理を味わった外国人たちが残した文献からは、ベギューが江戸・東京初の外国人用ホテルの料理長にふさわしい人物であったことは疑いようがない。日本に当時いた外国人料理人で、彼以上の名を残した人物がいないことからもそれは自明である。

アーネスト・サトウは、ホテルの開業直後の一八六八年一一月九日（明治元年九月二五日）のできごととして、回想録に「イギリス公使館に近い白金の肥後屋敷で会食したが、それは西洋料理の晩餐で、ホテルからとり寄せたものだった」と記している。

イギリス公使館の客人のために、白金にある肥後熊本藩屋敷が築地のホテルからわざわざ料理を運ばせたというわけである。この一文からも、ベギューがつくるホテルの料理が欧米各公館の連中や日本新政府の重鎮たちのあいだで高く評価されていたことがうかがい知れる。

また、サトウのイギリスへの一時帰国（一八七〇年再来日）が迫っていた翌年二月一四日のこととして、こんな記述も回想録に残している。

東久世《ひがしくぜ》（通禧《みちとみ》。当時の新政府外国事務総督＝筆者注）が私の出発のために送別の晩餐会を開いてくれるホテルへ駆けつけた。（中略）とても楽しい集まりだった。（中略）私は東久世の左の上座についた。食事がすむと、一同シャンペン酒をなみなみ注いで、私の健康を祝して乾杯し、快適な海の旅路を祈ってくれた。

そんな評判のフランス料理も、まもなくやってくる経営危機のために大幅なコスト削減を余儀なくされ、持てるパワーを失っていく。そして、喜助の側が解雇を告げたのか、それとも自ら身を引いたのかはわからないが、ベギューは築地ホテル館を去る。

しかし彼が築地をすぐに離れることはなかった。おなじ築地外国居留地で、ほどなく叔父やその義弟であるリュエルとの共同出資によってオテル・ド・コロニーを開業したのだ。上海から移ってきた叔父が立ちあげ、ベギューも仕事を手伝った横浜のオテル・ド・コロニーの二代目（あるいは姉妹）店舗ということだろう。

このホテルの料理長であるベギューは、明治四年一一月四日、外務省が駐日外国公使らを招いて浜離宮延遼館《えんりようかん》で催した天長節（天皇誕生日）奉祝晩餐会の調理を担当している。東京都公文書館に残るそのときのメニュー表には「HOTEL DES COLONIES A YÈDO」のホテル名称のあとに「RUEL & BÉGUEX」の文字が記されている。義叔父にあたるリュエルが支配人、ベギューが料理長という役割分担だったのだろう。

晩餐会のメニュー内容は、ベギューの料理の真髄を伝えるものといえる。

・小エビのビスク
・鮭冷製の大皿料理
・オードブル　小さなパイのベシャメルソース詰め

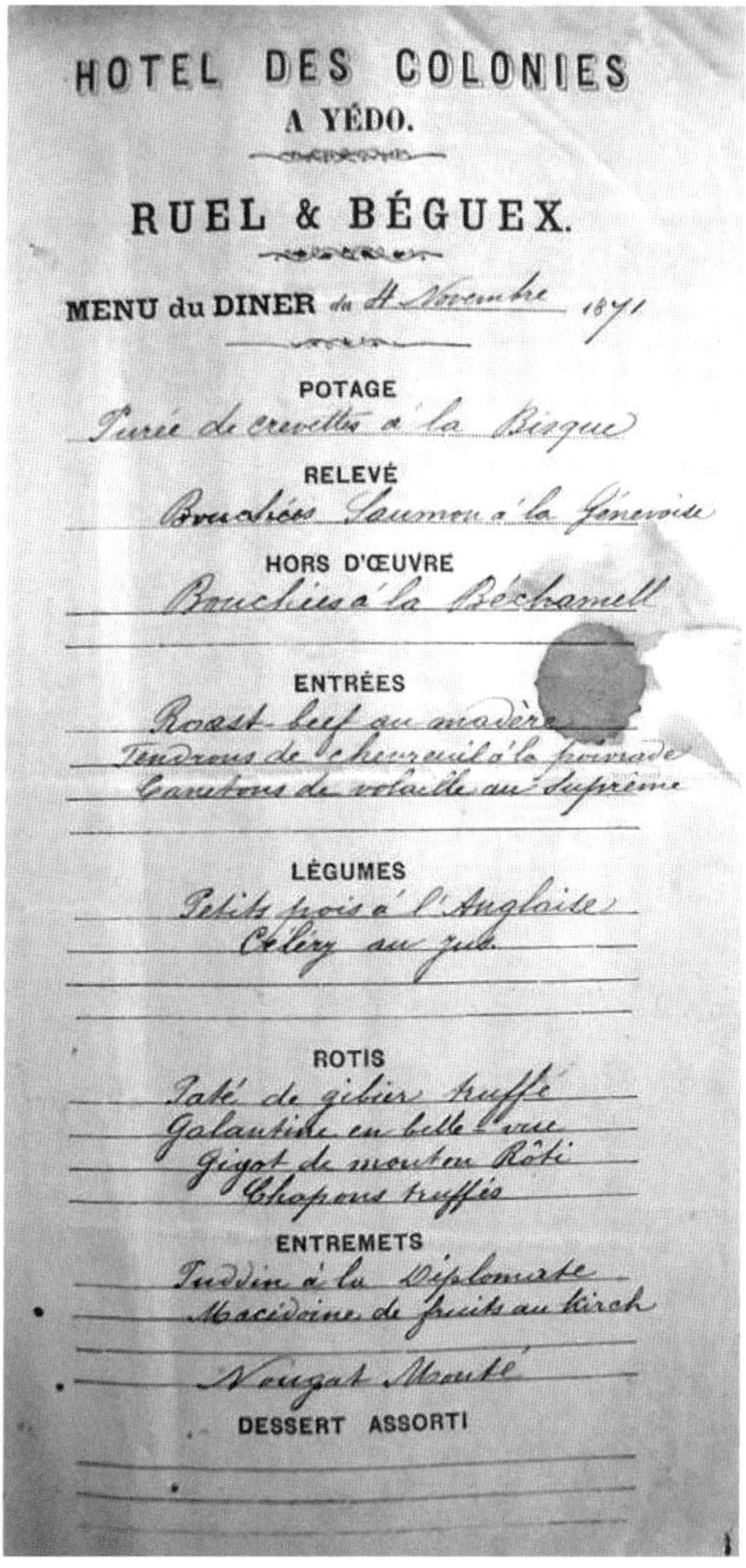
HOTEL DES COLONIES
A YÉDO.

RUEL & BÉGUEX.

MENU du DINER du 4 Novembre 1871

POTAGE
Purée de crevettes à la Bisque

RELEVÉ
Bouchées Saumon à la Genevoise

HORS D'ŒUVRE
Bouchées à la Béchamell

ENTRÉES
Roast-beef au madère
Tendrons de chevreuil à la poivrade
Carrtons de volaille au suprême

LÉGUMES
Petits pois à l'Anglaise
Céleri au jus

ROTIS
Paté de gibier truffé
Galantine en belle vue
Gigot de mouton Rôti
Chapons truffés

ENTREMETS
Puddin à la Diplomate
Macédoine de fruits au kirch

Nougat Monté

DESSERT ASSORTI

ルイ・ベギューが調理を担当した明治4年天長節晩餐会のメニューリスト［東京都公文書館蔵］

・ローストビーフのマデラ酒ソースがけ
・鹿腹肉のソースポワヴラード（胡椒のソース）
・子鴨のソースシュプレーム（ガラ出汁と生クリームのソース）
・つけ合わせ野菜　グリーンピース、セロリの含め煮
・野禽とトリュフのパイ包み焼
・丸鶏のガランティーヌ（詰めものをして煮込んだ冷製料理）
・羊腿肉のあぶり焼
・鶏ローストのトリュフソース
・アントルメ　フルーツプディング、フルーツカクテル、小菓子（ヌガー）

ベギューが築地ホテル館でどのような料理をだしていたかの記録も残っていないが、晩餐会メニューのこうしたエッセンスを反映させたアイテムを、品数を少なくしてコースとして提供していたのだろう。

経営破綻によって去ることになった築地ホテル館、おなじ築地の地に自ら出資して開業したオーベルジュ。黎明期の日本フランス料理界における、このふたつの記念碑は、しかし銀座大火でどちらもあっけなく焼失してしまう。

失意に沈むベギューだったが、また転機が訪れる。横浜にできたばかりのグランドホテルの料理長に抜擢されることになったのだ。

横浜居留地に明治六年（一八七三）に開業したグランドホテルは、敷地七〇〇坪、建坪一五〇坪、客室数三〇室という規模で、築地ホテル館の規模にはおよばないが、本格的なレストランを備えた外国賓客むけのホテルだった。

開業以前からあった別経営で同名のホテルを買収して建て替えたもので、築地ホテル館を手がけたリチャード・ブリジェンスが設計したと伝えられる。投資家、社長、支配人、料理長がすべて外国人というホテルで、その初代料理長がルイ・ベギューだった。

ベギューの薫陶を受けてここで働いていたのは、鹿鳴館勤務を経たのち帝国ホテルの初代料理長となった吉川兼吉《よしかわかねきち》である。つまり帝国ホテルの料理文化の源泉はベギューにあったということもできる。

ベギューはこのグランドホテルの料理長を明治八年まで務めた。それからふたたび独立して神戸の居留地に移り、小規模ホテルのオテル・ド・コロニーを開業する。横浜と築地で開業したホテルと同名である。よほどこの名が気に入っていたのだろう。明治一九年になるとさらに、その隣接地にレストランフランセも開業した。

その翌年には本格的ホテルであるオリエンタルホテルを神戸居留地八一番地に開業させ、

経営者兼料理長となる。イギリスのノーベル賞作家であるラドヤード・キップリングは、このホテルに明治二二年に滞在しているが、快適さや料理の質の高さを手放しで褒めている。

神戸のオリエンタルホテルは一篇の詩――人生の美しいバラードといわざるをえない。私は、マレー半島西岸の島ペナンにあるオリエンタルホテルで、感嘆すべきカレーを食べたことがある。シンガポールのラッフルズで賞味した亀肉のステーキは、私の未練がましい記憶にまだその食感が鮮明に残っている。私が賞讃してやまない香港のビクトリアホテルでは、ひな鶏のレバーや子豚の丸焼きが提供された。しかし、神戸のオリエンタルホテルは、その三軒をはるかに凌駕していたといっても過言でない。

――『From Sea to Sea and Other Sketches, Letters of Travel』より

キップリングは、オリエンタルホテルではビーフステーキ、ポテトサラダ、魚のフライなどを好んで食べたらしい。どちらかといえば庶民的なものばかりだが、インドの裕福な家庭に生まれてイギリスに長く暮らしたキップリングは、正統派フランス料理よりもむしろ、そうした軽い庶民料理を好んだのだろう。

彼はまたホテルのフレンチコーヒーやケーキ、ワインの質の高さも大いに褒めている。

さらにはレストランのボーイたちの働きぶりも賞讃している。

このホテルのレストランでベギューの教えを受けて育った日本人料理人たちは、そのあとに国内各地で開設していったホテルに移っていき、日本のフランス料理界の草創期を支える存在となっていった。

そんなベギューはある日、オリエンタルホテルの経営権を他者に譲渡し、母国フランスに帰国する。老後を故国ですごしたいという思いが募っていたのだろう。ホテルはそののち日本の資本が手に入れて、神戸オリエンタルホテルと名称を変え、「東の帝国とニューグランド、西の神戸オリエンタル」と称されるほどの名門ホテルとなっていく。

その名門ホテルはしかし戦中の神戸大空襲で破壊され、再建されたのち、阪神淡路大震災でふたたび建物が損壊した。現在あるのは、大震災後の二〇一〇年に建て替えられたモダンな高層ホテルである。

## ◉幕末・明治初期の西洋料理事情

ホテルに宿泊する外国商人たちでレストランの席が埋まり、談笑する声がホールに響く。そんなシーンを思い描いて築地ホテル館に乗りこみ、持てる技量のすべてを注いでやろうと意気ごんだルイ・ベギューだったが、待ち受けていたのは厳しい現実だった。

それでも江戸駐留の外交官や、彼らを接待して艦船や火器を入手しようとする諸藩にベギューのつくる料理はたいへん重宝された。なにしろホテルが開業した慶応四年当時、江戸には外国人の利用に足るだけの西洋料理店は、築地ホテル館のレストランのほかに一軒しかなかったのだ。

その一軒とは、神田・神田橋のたもとにあった三河屋である。『近代食文化年表』（小菅桂子著／雄山閣出版）によると、三河屋が開業したのは慶応三年のこと。横浜で牛肉店と西洋料理店を営んでいた三河屋久兵衛という人物が江戸にやってきて開いた店だった。料理はフルコースの上々と上があり、上々は二八品で料金が銀五八四匁《もんめ》。いまの物価に換算すれば八万円以上だった。幕府お雇いの外国人連中がよく通ったらしい。

ただしこれは日本人が経営し、日本人が調理していた店である。どこまで外国人の舌を満足させるだけの技量があったかという点では疑問が残る。『近代食文化年表』は慶応四年二月創刊の『中外新聞』関係者が残した同店についての雑記を引用している。

穴のあいたうどんと只今のサラダの替わりにみつばに酢をかけしものを食せしと覚居候。

これはつまり、いまの食卓に登場するマカロニサラダのはしりのようなもので、これが現価換算八万円のコース料理の前菜としてだされていたのかもしれない。この一文から推察しても、上海フランス租界の豪商のハウスコックとして腕をみがき、横浜のオーベルジュで外国商会の連中の味覚を満足させたルイ・ベギューがつくるフランス料理とはかなりの差があった。

とはいえ、技師や学者などお雇い外国人たちがみな正統派フランス料理を欲していたかといえば、そんなこともあるまい。イギリス人などは、どちらかといえば手のこんだ正統派フランス料理よりもステーキのようなシンプルな料理を好んだはずだ。だから逆に、まちの西洋料理店が築地ホテル館のような料理を提供する必要もなかった。

主人の久兵衛が横浜で牛肉店を営んでいたという経歴からすれば、少なくとも西洋料理食材の中心をなす牛肉や乳製品の仕入れルートは確保していたはずだ。食肉流通がまだほとんど確立していないこの時代、あるいは肉料理にありつけるというだけで外国人は満足だったかもしれない。

それでは、明治改元を目前とした幕末のこのころ、食肉はどのように調達されていたのだろうか。

石井研堂が明治四一年に著した『明治事物起源』によると、江戸ではじめて屠場ができたのは慶応三年五月のこと。横浜で居留地の外国人相手に牛肉販売をしていた中川屋嘉兵衛が江戸にでて、荏原郡白金村《えばらぐんしろかねむら》（現在の港区白金台一帯）の畑の一画を借り受けて屠牛場と牛肉売場をつくったのがはじまりである。畑を貸したのは堀越藤吉という名主だった。

嘉兵衛は当時、高輪東禅寺にあったイギリス公使館に牛肉を納入するため、店のある横浜から江戸まで荷を運んでいたのだが、暑い時季になると途中で肉が傷んでしまうので、どうにか江戸に屠場を設けることができないか、と幕府外国奉行所に相談した。するとほどなく幕府天領だった白金村に開設することが許され、土地の名主に紹介されたというわけである。これにはイギリス公使館の強いあと押しがあったはずで、築地ホテル館の建設経緯に通じるところがある。

畑の一画を借りてつくった屠場がどういう具合のものだったか、それを浮かびあがらせる記述がある。

當時牛を屠《ほふ》るのは大變な騒ぎにて、穢れぬやうにと青竹を四本立て、それに御幣を結び、四方へ注連《しめ》（縄）を張り、その中へ牛を繋ぎ、そして掛矢にて一つゴツンと撲殺せるものなり。今日の如く骨の間の肉まで削り取る如き器用のこと無くホンの上肉だけを取り残餘は皆土中深く埋め、後でお經を上げるといふ始末なりし。

ずいぶん怪しげな処理方法である。神道の祭祀のような場を設けたのは、殺生をして身が穢れることを恐れたためだし、殺生と肉食に強い嫌悪感を抱く地域農民にむけたパフォーマンスの側面もあっただろう。掛矢はいまでいうハンマーだ。

肉をとった残骸を土中に埋めて読経をしたというくだりは、どこか切なさも漂う。さすがにあけっぴろげな畑の一画では近所の目が気になったのか、名主の藤吉は翌慶応四年、自宅の物置を屠場として提供することにした。

また同年にはライバルも登場する。宮川清吉という者が薩摩藩の兵隊に供するという名目で本芝二丁目（現在の港区本芝・芝浦のあたり）に屠牛場を設けた。これで二軒の店が江戸で牛肉を提供することになったわけだ。さらにはイギリス人のジョージなる人物が築地小田原町で牛肉販売店を営んだという記録もある。こうした連中が、ちょうどおなじころに開業した築地ホテル館に肉や牛乳を納入していたと考えることができる。

明治改元直後には、萬屋萬平と大宮孫兵衛のふたりが芝西応寺町（現在の港区芝二丁目の一部）に屠場を開いた。しかし翌二年に通商司（築地ホテル館を接収した外務省傘下の役所）の主導で搾乳、屠畜、食肉販売をおこなう牛馬会社が築地本願寺近くに開設され、民間人に運営を委託したので、芝西応寺の屠場は客を奪われてつぶれてしまった。

それにしても、浄土真宗本願寺派の直轄寺院のすぐ近くに屠場をつくってしまうのだから、時代も変わったものである。このころには仏教思想の影響から長く続いた肉食忌避にも風穴が開いて、日本人のあいだでも肉食が少しずつ広がっていき、牛鍋屋も誕生した。明治五年の正月には明治天皇みずから肉食解禁のお触れをだすことになり、これを機に東京のまちで牛鍋屋が続々と開業していった。

肉食といえば、その普及に力を貸した大人物がいる。福沢諭吉だ。福沢は牛乳が大好きで、慶応義塾を芝新銭座（現在の港区浜松町一丁目の一部）に置いていたころ、築地の牛馬会社から毎日、牛乳をとり寄せて愛飲していた。ある日この会社が福沢に「日本に肉食を広めるための一文を書いてほしい」と依頼してきた。これに応じて明治三年に執筆したのが『肉食之説』である。「学問のすゝめ」ならぬ「肉食のすゝめ」。現代語意訳して引用してみる。

古来、日本は農業を基本とし、食事は五穀が主で肉類を食うことはまれだったから、人身の栄養は偏り、病弱の者が多かった。これからは牧畜を大いに広めてその肉を用い、その乳を飲み、滋養の不足を補うべきである。しかしながら数千百年の長きにわたるこの国の風俗として、肉食を穢れたもののようにいい、いたずらに嫌う者が多い。そんなものは人身の本質、道理をわきまえない無学文盲の空論である。

そして皮肉たっぷりにこう続ける。

肉食を嫌うのは、大きな豚牛を殺すのが忍びないからだというが、牛と鯨はどちらが大きいか。鯨をとらえてその肉を食うことは怪しまないではないか。また生物を殺すようすが無残だというが、生きた鰻の背を割き、泥亀（すっぽん）の首を切り落とすことは痛々しくないのか。あるいは牛肉牛乳を穢れたものというが、牛羊は五穀草木を食べて水を飲むだけで、その肉は清潔だ。事物のありようをよく詮索してみれば、世の食物に穢《きたな》いものは多い。日本橋の蒲鉾は溺死人を食ったフカの肉でつくられている。黒鯛の潮汁がうまいというが、それは大船の艫《とも》について泳ぎ、人の糞を食う魚だ。春の青菜が香しいというが、それは一昨日かけた小便が葉から浸みこんだものだ。（後略）

なんとも痛快なユーモアだ。幕末明治を代表する思想家、教育者の言辞をこんな部分だけつまんで引用するのも気が引けるが、これほど諧謔に富んだ表現でわかりやすく日本の食文化の大転換を促すとは、やはり偉人である。

牛鍋屋は大流行したが、それでは西洋料理レストランはどうだったかといえば、築地ホテル館のライバルはなかなかあらわれなかった。外国人むけの本格的なレストランは「精養軒」の登場を待たねばならなかった。

皇居の馬場先門近くに明治五年に開業した精養軒は、岩倉具視に仕えた北村重威《しげたけ》が、外国高官たちの接待に使える施設をという明治新政府の意向を受け、岩倉具視の支援を得て設けた。つまり殖産興業＝外国和親の方針に沿った国策としての施設である。築地ホテル館は列強の圧力から幕府が仕方なく開設を決めたものだったが、ひるがえって精養軒は、列強の接待のために新政府が積極的にあと押ししたものといえる。

初代料理長には、フランスで長く料理修業したスイス人のカール・ヘスが就任した。パイ料理が得意だったというヘスはベーカーとしての腕も一流で、日本に本格的にパンを普及させる重要な役割も果たした。

しかしこの精養軒は、開業のわずか一カ月後に銀座大火によって全焼してしまう。すでに廃業し海軍施設への転用が図られていた築地ホテル館と運命をともにしたのだ。銀座大火は、西洋化・近代化にむけた迎賓のための記念碑ふたつを一気に焼き払ったのである。

だが北村は事業をあきらめることはなかった。翌明治六年にははやくも采女《うねめ》町（現在の銀座五丁目）に「築地精養軒」を開業させた。馬場先門はレストランだけの店だったが、こんどの施設は一二室の客室を備えたオーベルジュの形態だった。築地ホテル館の廃業によって本格的な西洋料理を味わえる場を失っていた築地居留地の外国人たちは、この築地精養軒にこぞって通うことになる。

そして居留地制度が撤廃され外国人が自由に東京のまちを歩くことができるようになった明治三二年以降、来店客は一気に増えた。そのため明治四二年には敷地を拡張して建て替え、三階建ての広壮な西洋建築の「築地精養軒ホテル」とした。客室も三二室に増えた。建物のすぐまえには築地川（現在は首都高速環状線）が流れていて、その水辺の眺めも評判だった。いまここには時事通信本社ビルが建っているが、そのまえは銀座東急ホテルだった。

この築地精養軒ホテルは外国人や日本人の富裕層に長らく愛されたが、関東大震災で倒壊、焼失して再建されることなく姿を消していった。代わって、明治九年に開業していた上野精養軒が本店となり、洋食ブームを牽引していった。

## ●押し寄せた見物客、売れた錦絵

完成した築地ホテル館は数々の錦絵に描かれて、話題の建物がどんなものかと庶民がこぞって買い求めた。その代表的な一枚に「東都築地保互留館前庭之圖」がある。

海側から、日本庭園とその先のホテル本館裏側を描いたものである。建物を裏側つまり

東都築地保互留館海岸庭前之圖
應需一曜齋國輝筆

二代目歌川（一曜斎）国輝が描いた「東都築地保互留舘前庭之圖」。［清水建設提供］

海側から描いたのは、正面よりも絵になるからだろう。ホテル館の姿をとらえた錦絵は何種類もあって広く販売されたが、敷地全体のレイアウトに加えて、立地背景までをこれほど克明に描写したものはほかにない。

「保互留」はホテルの当て字で、清水建設資料には「差配所蔵板」とあり、発注元である清水屋が版木自体を所蔵したものだろう。いまでいえば竣工記念写真というところか。

錦絵の特質として、位置関係や実際の大きさがかなりデフォルメされているので、左上の奥にはその位置からみえるはずもない富士山が描いてあるし、ホテルの姿もどこかいびつで、塔屋がやたらと大きく描かれている。また題名にある「前庭」は、建物正面側にあった交易所としての前庭と勘ちがいしたものだろう。

左上には「PLAN of HOTEL EDO, TSKEGE（原文ママ）」という英語の題名が記されている。「ホテル・エド」の名は、築地ホテル館という正式名称とはべつに、外国人にもわかりやすい別名として用意されたのかもしれない。現代でも、日本企業がホテルを運営し、外資系ホテル企業と販売提携するというような場合は、国内と海外でホテル名称が異なることが多々ある。

これを描いたのは浮世絵師の二代目歌川国輝《くにてる》である。号は一曜斎。ほかにも築地ホテル館を描いた国輝の作は数種類ある。なかでも、鉄砲洲の外国居留地が完成してから描いた、居留地と築地ホテル館との位置関係がよくわかる「東京築地鉄砲洲景」は出色といえる。六枚続き大判の作で、版元の大黒屋金次郎からの依頼で描かれた。開市当時の築地の賑わいがパノラマで、細密に描きだされている。

歌舞伎役者、力士、風俗、そしてこの当時は開化ものなど、錦絵は庶民に「いま」を伝える報道写真のようなものだった。国輝は、幕末から明治にかけて、開化絵と呼ばれる文明ものの錦絵を数多く手がけた。

慶応元年には複数の人気浮世絵師による合作「末広五十三次」に参画した。同三年にはパリ万国博覧会に出品した絹本「浮世絵画帳」の制作に加わって名声を高めた。さらに「東京名所図絵」や「東京名勝」の景観ものの開化絵シリーズや、「東京汐留鉄道蒸気車通行図」など鉄道絵を描いて大人気の絵師となった。

そんな開化好きの国輝にとって、日本初の本格的な外国人専用ホテルである築地ホテル館の出現は、絵師ごころを極限まで刺激したにちがいない。西洋建築探究に邁進するあまり、勇んでホテル建築とその経営を請け負ってしまった清水喜助と、どこか通じるところがある。

ホテルができた築地南小田原町の界隈は、人気絶大の観光スポットになった。東京とその周辺からは多くの見物客が押し寄せた。神田や日本橋などから築地へいくには、いくつもの橋を渡らなければならないが、それらの橋が人であふれ、沿道では土産物がたくさん売られたらしい。

国輝が描いたホテルの錦絵も売れに売れた。喜助は版元に大量に刷らせて、その販売利益を膨らんでしまった建設費の足しにすることにした。さらには見物客から見学料も徴収したようだ。前出の『平野弥十郎日記』にはこんな記述がある。

「ホテルが落成して、おびただしい数の見物客がやってくるようになったので、当方の所有地管理人である栄蔵をホテル門番にして、見物人ひとりにつき二朱ずつとった」

錦絵販売と見学料徴収は、巨額となった建設資金の負債解消には焼け石に水といったところだろうが、どれほどの収益があったかについては記録がない。

## ●ホテルに発着した乗合馬車

ホテルの前庭には、明治二年になってアーチ状の門が追加設置された。洋式のアーチの内側に寺院建築でみられる木鼻《きばな》がつけられた、和洋折衷のなんとも不思議な造作である。

このアーチ門を背景にした一枚の写真がある。これからまさにホテルをでていこうとする二頭立ての大型乗合馬車を撮ったものだ。客車の室内にも屋根のうえにも、さらに本来は手綱をにぎる御者が座るべき台座にも、ぎっしりと乗客がいる。御者の代わりを務める

ホテルに発着した乗合馬車と明治2年設置のアーチ門［東京都中央区図書館蔵］

のは日本人のふんどし姿の馬丁で、馬の横で手綱を握っている。ほかにも荷役夫らしいふんどし姿の半裸の男ふたりがその脇に立っている。

人物を含むことでリアルになるホテルの風景、当時の馬車の運行形態、日本人の肉体労働者の風姿などがこの一枚に凝縮されていて、じつにおもしろく貴重な写真である。

これは外国人の会社が運行していた、築地居留地と横浜居留地を結ぶ乗合兼郵便運送の馬車で、ホテルがその発着地点になっていた。明治五年の新橋～横浜間鉄道開業までのあいだをつないだ移動手段でもあり、外国人だけでなく日本人も利用した。

銀座文化史学会発行の『銀座文化研究』創刊号は、その運営の詳細に触れている。

「築地ホテルをステーションとする外人によ

る東京・横浜間の馬車会社は三社あるいは四社あった事がこれまでの調査で判明している。ランガン会社（Rangan & Co.)、ジョージ・ホワンベッキ会社（George & Hornbeck Co.)、サザランド会社（Sutherland & Co.）後のカブ会社（Cobb & Co.）である。（中略）（ランガン社は）イギリス領事館と郵便逓送契約を結んでいて毎朝六時と九時に横浜と築地から二便を出し、運賃は一人二ドルで日本人乗客も歓迎した」（篠原宏筆「築地ホテル周辺考」より）

アメリカの一流ホテルとおなじ料金水準の築地ホテル館が食事つきで一泊三ドルだったことから考えると、運賃はかなり高額といえる。日本人で利用できたのはかなり裕福なひとたちだった。

それでも乗りきらないほど客がいたのだから、早駕籠などにくらべてよほど快適だったのだ。もっとも、明治五年には鉄道が横浜とのあいだに開通したので、馬車の運行はわずかな期間で役目を終えることになった。

# 第5章　発案者・小栗忠順の失脚と死

## ●奉行職を罷免される

欧米列強から突きつけられたホテル建設要求に対して、幕府財政逼迫のなか、民間の力にまかせるというアイデアを打ちだした幕府勘定奉行の小栗忠順。

彼は、遣米使節の一員としてみてきたアメリカの資本経済システム、株式会社制度を日本にも導入していくためのモデルケースとして、このホテル計画を位置づけた。そうした一連の考え方は、明治に入っての殖産興業、社会資本整備による富国政策の雛型となっていく。

先見の明と洞察力にすぐれた経済エリートの小栗忠順だったが、しかしその改革の旗手としての力量が発揮されたのは、軍艦建造のための横須賀製鉄所、外国商社に蹂躙されないための兵庫商社の設立、そして築地ホテル館の民間活力導入というところまでだった。徳川慶喜による大政奉還の奏請によって、幕閣・幕臣連中をとり巻く環境が一気に転変したからで、それはホテル建設が着工して二カ月がすぎたときだった。

殖産興業にも、江戸開市の行方にも幕臣が関与している余裕などなくなった。幕府の存命と反幕府勢力の掃討に命を捧げてきた連中にとって、将軍の突然の決定は青天の霹靂だった。

小栗は優秀な経済官僚、外交官僚であったと同時に、歩兵奉行や軍艦奉行などを兼務し、フランスの助力を得て幕府海軍、歩兵軍の兵力近代化に力を注いだ軍師でもあった。横須賀製鉄所はそのための拠点だった。

もし、この軍事分野での辣腕ぶりとその評判がなくて、経済分野に限った才人であったなら、小栗は新政府軍に抹殺されることなく、明治の世にも生きて国の近代化に大いに尽力していたのではないかと思える。さらに自ら事業方式を立案した築地ホテル館の運命も、あるいはちがったものになったかもしれない。

大政奉還から二カ月がすぎた慶応三年一二月九日。王政復古を宣言した天皇は、さっそく官職廃止と幕府直轄地の納地の勅旨を伝える。征夷大将軍の慶喜はお役御免で、幕府直轄地はすべて天皇に返納せよということである。主導したのは岩倉具視と薩摩だった。

尊王の意を示していた慶喜だったが、そこまで急にことを進めるかとうろたえ、とりあえず京都から大坂に退き、どうしたものかと思案する日々。薩摩の謀略に激怒する幕臣連中は、長州に続いてこんどは薩摩討伐を声高に叫ぶ。慶喜はそれに押されて渋々重い腰をあげ、京都での一戦に諸藩から戦力を集める。

年明けの一月三日、すでに立場上は「旧」の字がつく幕府軍は、鳥羽と伏見の二方向から京都へ攻め入ろうした。だが、軍制近代化によって統率のとれていた薩摩・長州連合軍の反撃に遭い、諸藩の寄せ集め軍隊だった幕府軍はあっさりと敗走する。前者が五〇〇〇人、後者が一万五〇〇〇人と兵力で三倍の開きがあり、しかも小銃などは幕府軍側が最新式のものをそろえていたにもかかわらず。

大坂城に陣どっていた慶喜は、敗戦の報を耳にすると驚愕の行動にでる。近しい重鎮たちと妾を引き連れて夜のうちにこっそり大坂城を脱けだし、翌朝、大坂湾に投錨していた最新鋭軍艦の開陽丸に乗って、さっさと江戸に逃げ帰ってしまった。開陽丸の艦長は榎本武揚だが、彼はそのとき軍議のために大坂城にいたので、艦長自身が置き去りにされるという異常事態となった。

久方ぶりに、しかも突然に江戸城に帰着した慶喜をまえに、幕閣たちはあたふたしながら善後策を詮議する。

「歩兵による局地戦では劣る局面もあるかもしれませんが、海軍力では幕府側がなおも敵を圧倒する力を持っております。それを要所に配置して補給路を断てば、かならず敵軍を破ることができましょう」

軍議でそう直訴したのは、最たる主戦論者の小栗忠順だった。

勘定奉行ながら陸軍奉行兼務として軍議に加わり、海軍の運用でも知見豊富な彼は、このさい敵軍を徹底的に叩くべしと諫言する。小栗としては、京での無残な敗戦はあくまで戦略と準備の不足が招いた結果という思いがあった。

しかし、賊軍の汚名を着せられることを恐れた慶喜は逡巡し、再度の進軍を決断しない。相手が将軍だろうが老中だろうが、小栗はずけずけとものをいう性格だったようだ。しつこく進軍を主張し、ついには慶喜を激怒させてしまう。

謹慎の身となった小栗は、彼の理解者だった老中松平周防守から書状で呼びだしを受け、その三日後に登城した。そして芙蓉の間で慶喜側近の酒井忠清から「御役御免勤仕並《きんじなみ》」を告げられた。奉行職の解任である。

勤仕並の扱いとされたのは、幕閣によるせめてもの温情だったのだろう。クビではあるが、位の特権はそのまま継続されるという慣例である。その扱いによって、無役の旗本や御家人に課されていた幕府上納金である小普請金はこののちも免除されることになった。

明治政府の富国強兵策を先どりするような、さまざまな殖産興業と軍制改革のアイデアを考案して、自ら推進した小栗忠順。彼がその最前線に立つことはこれを境にいっさいなくなった。

小栗はすべてをあきらめた。もう、いくら押そうが慶喜がふたたび軍を動かすことはない。徳川の治世は終わったのだ。慶喜はこのあとすぐ恭順の意を示すために隠居を決意し、そのことを近しい大名たちに書簡で知らせた。

小栗は腹をくくった。

やがて新政府軍が押し寄せてきて、江戸もどうなるかわからない。薩長討伐にかかわった徳川家臣は囚われの身となり、家屋敷は奪われることになるだろう。そうなれば家族の命も危ない。

彼は江戸を離れる決意をする。どうせクビになって蟄居の身なのだし、仕える幕府自体が空中分解してしまっているのだから、もはや江戸にいる必然性もない。

旗本小栗家の知行地のひとつに、上州群馬郡の権田村《ごんだむら》があった。現在の群馬県高崎市倉渕町の一帯である。ここに家族や使用人を伴って隠棲することを彼は決意する。

権田村の名主である佐藤藤七は、遣米使節目付となった小栗の身のまわりの世話をするためアメリカに随行した。さらに村の若者たちが江戸駿河台の小栗家屋敷に寄宿して学問を積み、庭で歩兵としての訓練を受け、幕府陸軍歩兵隊にも加わった。だから小栗家と権田村は深いつながりがある。それが隠棲の地に権田村を選んだ理由だった。

また、上州で生産が盛んな生糸は日本の輸出産業で一位の座を占めていたので、優秀な経済人の小栗の頭には、ゆくゆく生糸の商売で生計を立てる構想もあったとされる。

小栗は、江戸を引き払って自らの知行地に転居することの許しを幕府に乞う「土着願」を幕府に提出し、受理される。小栗の越権行為に怒り、クビをいいわたした慶喜だったが、この土着願を目にすると少なからずショックを受けたという。そして江戸詰めの大名や旗本たちにつぎのような下知をおこなう。

「余の不徳により今日のような形勢に至ってしまったが、皆々には感謝の念しかない。今後は知行地に戻るかどうか、自身で判断してよい。朝命を尊重し、領民の安寧を心がけるようにしてもらいたい」

朝命を受けた新政府が、幕府直轄地だけでなく諸藩の領地をも接収することになるかもしれないが、地元民の生活に配慮して、どうかうまくことを処理してほしい。そんな国の行く末を案じる内容である。

幕府存続の期待の星でありながら、尊王思想の信奉者。頼りになりそうで、頼りにならない。攻めるかと期待して幕臣が気勢をあげれば、肝心のところで引いてしまう。お坊ちゃん気質で家臣団を翻弄した徳川慶喜だったが、最後の最後は殊勝な言葉で締めくくったのだった。

## ●上州権田村への移住

築地ホテル館の工事が半分ほど進んだ、慶応四年の二月二八日。駿河台の小栗屋敷はにぎやかだった。新暦では三月下旬。桜がだいぶ開花していただろう。

小栗忠順の家族と使用人、そして権田村からやってきていた若者たちが旅立ちの仕度を整えていた。これから権田村への旅路をたどる。忠順の家族は実母の邦子、妻の道子、養子で二〇歳の又一（忠道）、養女で一四歳の鉞子《よきこ》である。父の忠高は、忠順が二八歳のときに四七歳の若さで病死していた。

子宝に恵まれなかった忠順は、親戚の旗本日下家から先に鉞子を養女に迎えていた。そして遣米使節に参加するにあたり、生きて帰ることがないかもしれないと考え、跡継ぎとして旗本駒井家から又一を養子に迎え、いずれはこのふたりを夫婦にしようと考えていた。

妻道子は権田村への旅立ちのこのとき、忠順の子を身籠もっていた。しかし養子、養女をもらい受けていた義から忠順は、いずれ生まれてくる子が男なら養子にだすと決めていた。

又一は、忠順が設立に尽力した横浜フランス語伝習所に第一期生として学び、フランス語をはじめとするさまざまな学問、馬術を身につけた。さらにフランス軍の指導を受けた幕府歩兵隊の隊長を務めるなど、立派な軍人だった。そんな訓練の日々に撮られたであろう一枚の写真が残っている。仲間と写る又一は中肉中背のやさしい顔つきの若者で、勇猛な武人にはみえない。

小栗家の家族五人に、家来八人とその家族、寄宿していた若者など、一行は総勢三七人となった。忠順と又一は馬、邦子と道子は駕籠、ほかの者は徒歩で中山道をたどり、上州の権田村を目指す。

権田村ですぐに必要になる家財道具や生活用品は荷車に積んで従者が運び、そのほかの大きな荷は利根川の船便で高崎近くまで送り、そこから陸送する手筈としていた。

一行は出立した。駿河台から神田川の橋を渡って、広大な水戸藩小石川邸の横をとおる。遊山の名所である飛鳥山を左手にみながら、石神井川の橋を渡って中山道に入る。戸田の船渡しで荒川を渡り、この日は桶川までたどって止宿となった。

翌日は深谷、翌々日は高崎に宿をとり、高崎からは中山道を外れて烏川《からすがわ》に沿ってつづく草津街道を進んだ。右手に榛名山を、左手には妙義山を仰ぎみながらの道ゆきである。権田村に到着したのは三月一日の夕刻で、三泊四日の旅だった。

当面は権田村にある東善寺に仮寓することになった。この寺は、権田村を領地に加えた宝永元年（一七〇四）に小栗家が寄進して立派に拡張されていた。小栗家は寺の中興開基ということになる。住職も村人も、小栗家の一行を温かく迎え入れ、総出でもてなしたらしい。

ところが旅を終えてほっとしたのもつかのま、小栗家に不穏な動きが迫った。

上野国一帯を根城とする盗賊に、一揆を企てる百姓たちが加わった集団が、小栗家一行の動向を注視していた。幕藩体制が溶解して治安がほころび、その間隙を突くように、関東一円でこうした勢力が財物を奪う事件が頻発していた。

「小栗忠順という勘定奉行が江戸を引き払って、権田村に入った。軍艦奉行や歩兵奉行もやっていて、幕府の軍資金を扱っていた。私財をそうとう貯えているにちがいない」

盗賊集団は、その私財を奪ってやろうという計画を立てた。権田村周辺の村々に東善寺襲撃のための人手をだすように告げ、応じなければ村を焼き払うと脅した。そして小栗家が仮住まいをする東善寺を遠巻きにした。総勢は一〇〇〇人とも二〇〇〇人とも伝えられている。

忠順は、盗賊集団のそんな動きを権田村の村人から伝え聞いて、相手の戦力を分析し、事前に戦闘態勢を整えていた。権田村で応戦を買ってでた村人を加えて一二〇人ほどで急いで軍を組織し、武器の使い方を伝授して忠順は相手の出方を探った。

小栗側は数のうえでは圧倒的に不利だった。しかし小栗又一はフランス式軍事訓練を受けた歩兵隊の隊長を経験し、小栗邸に寄宿していた権田村の若者たち一六人も駿河台の屋敷で日々、フランス式軍事訓練にいそしんでいた。

さらに小栗側にはフランス製の最新式の小銃が多数あり、射撃の腕がたしかな者が多数いた。忠順は、新政府が国をまとめきれず、いずれ日本が内戦状態に陥るかもしれないと考えていた。そのときには幕府再興を期そうと、それらの火器を備えとして持参していたらしい。

忠順は一二〇人を五つの隊にわけ、村の横を流れる烏川に沿った三方に加え、背後を突かれることのないよう東善寺の裏山にも配置した。とくに、又一が率いる最新式小銃を持った歩兵部隊一六人はこの戦闘で威力を発揮することになった。

対する盗賊集団が持つ武器は旧式の火縄銃と刀だけで、戦闘訓練もろくに積んでいない素人集団である。いざ戦端が開かれると、武器のレベル、兵の練度の差は歴然としていた。

小栗側の射撃隊が、烏川対岸や街道沿いの村から寄せてくる敵をフランス製小銃で確実に射抜いていくと、敵勢は一気にパニックに陥り、持ち場を放りだして一目散に逃げたという。早朝にはじまった戦闘は、昼にはあっけなく勝敗が決することとなった。

脅かされて盗賊の側に加わるしかなかった周辺の村々の長たちは、集団が姿を消すと、恐々と東善寺の小栗のもとにやってきて、平身低頭して許しを乞うた。脅されていたとはいえ、領主に弓を引く行為が許されるはずもない。だが、小栗の対応は寛大なものだった。

「これからわれわれは、この寺を学び舎として、村々の若者に学問を教えいくつもりだ。この地を、もっと豊かにしていくためだ。だからできるだけ子供、若者に学びの時間を与えてやってほしい。そしてここに寄こしてほしい。とにかく、これからは身分に関係なく学問が大事になる。村や地域を豊かにするのは金子だけでない。学問こそが大切だ」

忠順はそう諭したという。

こうして、とりあえず危機は去った。小栗一家は、寄宿する寺からほど近い観音山に住居を構えることにし、その建築準備に専念した。

## ●小栗忠順、斬首される

だが、小栗家にとってのほんとうの危機がこのとき西方から急速に迫っていた。

旧幕府の抵抗勢力を一刻もはやく鎮圧したい新政府は東征軍を編成し、東海、東山、北陸の三道に鎮撫《ちんぶ》総督を任命してそれぞれに江戸、抵抗勢力が散在する東日本を目指した。

中山道を進んだのは東山道鎮撫総督軍で、総督は岩倉具視の次男の岩倉具定《ともさだ》、副総督がその弟の岩倉具経《ともつね》、参謀が土佐の乾退助（板垣退助）と薩摩の伊知地正治。

このとき岩倉兄弟は一六歳と一五歳。後見役でもある参謀ふたりは三一歳（乾）と四〇歳（伊地知）だが、その下の実働部隊の長である軍監の原保太郎（長州）は二二歳、豊永貫一郎（土佐）は一八歳と、みな若かった。

若さは一途に走る。尊王、倒幕の志は強く、目的遂行のためなら手段を選ばないというところがある。東征軍首脳はそれを承知で、倒幕原理主義にはやる若者を送りだしたのだろう。有無をいわさず、一気に旧幕府主戦派を殲滅するためには、そうした盲目の血気が役立つと判断したのかもしれない。

三道の各鎮撫総督軍にあって、情け容赦のない点では東山道軍は一番だった。新選組局長の近藤勇をとらえて板橋刑場に首を晒し、それを京都に送って三条河原にふたたび晒したのも、この東山道軍だった。

東山道軍は進軍の道すがら、主戦派幕臣の小栗忠順が上州の権田村に移り住んだことを知る。信州から上州に入ると、こんな噂も耳に入ってきた。

「外国製の最新の銃を大量に所持し、盗賊に一揆勢力が加わった二〇〇〇人の襲撃を、わずか一二〇人の手勢でみごとに追い払ってしまった」

外国奉行や勘定奉行だけでなく、軍艦奉行、歩兵奉行をも兼任した家臣団きっての軍事通、そして薩長討伐の主戦派だった小栗忠順。そんな男が外国製の最新式火器を大量に隠し持ち、兵を連れて農村に身を隠している。

東山道軍は動揺した。そして、こういう結論にたどりつく。

「農兵を組織して、われわれの進軍を阻止するつもりだろう。山（観音山）に拠点を築いていることからもそれは明白だ。皇軍を迎え撃つための要塞にちがいない」

忠順が村から離れた観音山に居宅を置こうとしたのは、村域に設けては農事のさまたげになると判断してのことだったらしいが、この配慮が仇になった。

「皇軍に叛く賊勢。討滅するほかなし」

それが東山道軍の決断だった。閏四月一日、東山道軍は高崎、安中、吉井の上州三藩に、小栗忠順を厳しくとり調べるよう命じた。

鎮撫総督府に対して無抵抗を決めていた三藩は、それを拒否しようものなら朝敵にされて処分されると判断し、さっそく東善寺の忠順のもとに使者を送った。決起の意があるかどうかの詮議をおこない、寺や、観音山に造成中の居宅をつぶさにみてまわった。相手は幕府の元奉行職とあって、使者たちも気を遣っての検閲となった。

その結果は「挙兵の意図、証拠はなし」だった。忠順は挙兵の考えなど毛頭ないことを証明するべく、小銃数丁と、実用ではなくて庭に飾りとして置いていた大砲を使者に供出した。さらに、使者の求めに応じて息子の又一を高崎藩のもとに預けることにした。

だが、それで納得する東山道軍ではなかった。「三藩による検分、判断は甘すぎる。やはり小栗を捕縛するしかない」との最終結論に達した。監察使に指名された原、豊永のふたりは三藩の藩兵を強制的に集めさせると出兵を命じた。

三藩は五日の朝に東善寺を包囲した。小栗側はしかしいっさい抵抗することはなく、東善寺本堂でその軍勢を静かに迎えた。忠順としては、もはや幕臣の座を降りて隠棲した身であり、軍の再興などまったく考えていないと丁重に説くつもりだった。

しかし倒幕につんのめる鎮撫軍の若き隊長たちは、そんな大人の道理など理解しない。「叛心は明白」と決めつけ、忠順と家臣たちをすぐに捕縛した。そうしてろくな詮議もないまま六日の昼近く、忠順は三人の家臣とともに烏川の河原に引き立てられていった。斬首である。

小栗家の家臣たちは「武士の情けがあるなら、せめて主君にだけは切腹の配慮を」と泣いて懇願しただろうが、それが容れられることはなかった。まず家臣三人が、最後に忠順が処刑された。高崎藩に預かりの身となっていた息子の又一と従者たちも、その翌日に処

郵便はがき

料金受取人払郵便

新宿局承認

6848

差出有効期限
2023年9月
30日まで

切手をはら
ずにお出し
下さい

160-8791

343

（受取人）
東京都新宿区
新宿一－二五－一三

原書房

読者係 行

1608791343 7

## 図書注文書（当社刊行物のご注文にご利用下さい）

| 書名 | 本体価格 | 申込数 |
|---|---|---|
| | | 部 |
| | | 部 |
| | | 部 |

お名前　注文日　年　月　日

ご連絡先電話番号（必ずご記入ください）
□自宅（　　）
□勤務先（　　）

ご指定書店（地区　　）（お買つけの書店名をご記入下さい）
書店名　書店（　　店）

帳合

5969

# 「築地ホテル館」物語

永宮 和 著

愛読者カード

より良い出版の参考のために、以下のアンケートにご協力をお願いします。＊但し、今後あなたの個人情報（住所・氏名・電話・メールなど）を使って、原書房のご案内などを送って欲しくないという方は、右の□に×印を付けてください。 □

フリガナ
お名前 男・女（ 歳）

ご住所 〒 -

市 町
郡 村
TEL （ ）
e-mail @

**ご職業** 1会社員 2自営業 3公務員 4教育関係
5学生 6主婦 7その他（ ）

**お買い求めのポイント**
1テーマに興味があった 2内容がおもしろそうだった
3タイトル 4表紙デザイン 5著者 6帯の文句
7広告を見て（新聞名・雑誌名 ）
8書評を読んで（新聞名・雑誌名 ）
9その他（ ）

**お好きな本のジャンル**
1ミステリー・エンターテインメント
2その他の小説・エッセイ 3ノンフィクション
4人文・歴史 その他（5天声人語 6軍事 7 ）

**ご購読新聞雑誌**

本書への感想、また読んでみたい作家、テーマなどございましたらお聞かせください。

刑された。

　こうして幕末の俊英、小栗上野介忠順は生涯を閉じた。四二歳だった。江戸の経済改革、外交新時代の象徴に位置づけようとした築地ホテル館。その完成した姿をみることはなかった。

　もし忠順が大勢の家来を連れて権田村に移住していなかったら。もし盗賊一味との闘いがなかったら。もし観音山に居宅を築いていなかったら……。

　彼は命を落とすことはなかっただろうか。そしてもし落命することなく明治の世を迎えていたなら、小栗忠順という男はどんな人生を送り、どんな偉業を日本にもたらしたのだろうか。

　大隈重信は明治になっての後年、こう述懐している。

「明治政府の近代化政策は、小栗忠順の模倣にすぎない」

　余人をもって代えがたい才能を、新政府は自らの手で葬ってしまった、という悔恨だ。

　それほどに小栗の近代化構想は具体的で、明治が進んでいった富国の道を先見していた。

# 第6章　築地外国居留地は開設したけれど

### ●明治新政府が二万両を融資

旧幕府側の抵抗勢力掃討にめどをつけて全国平定と国力増強にむけて動きだした新政府は、かつて叫んでいた攘夷思想など蔵の奥深く仕舞いこんで、外国和親の基本方針を打ちだした。日本の主権を守りつつ、外国と積極的に交わって日本の富国強兵のためになる知識をどんどん吸収していく。そういう宣言である。

これに呼応してイギリス、アメリカ、フランス、ドイツ、オランダ、イタリアの六カ国はそろって中立を宣言する。新政府と旧幕府のどちらにも肩入れしないという立場の表明である。フランスなどは直前まで慶喜に再度の挙兵を強く勧めていたのだが、変わり身はじつにはやかった。

慶応四年三月になると、天皇が五箇条の御誓文を宣し、それにもとづく官制改革の指針となる政体書が制定される。中央集権と三権分立を基本とする近代政治体制の確立を目指したものだ。

中央官庁として議政官、神祇官、行政官、会計官、軍務官、外国官、刑法官の七官を置いたが、この過程で重要な役割をはたしたのは越前藩士だった三岡八郎《みつおかはちろう》（のちの由利公正《ゆりきみまさ》）である。

五箇条の御誓文の原案である「議事之体大意」を自らものし、御誓文自体の作成にも加わったのが彼なら、会計事務掛・御用金穀取締として新政府の財政基盤の確立に尽力していったのも彼である。

三岡はまた、上司に対して遠慮なく信念、持論をぶつける点で小栗忠順と通じるところがあった。幕府の第一次長州征伐のときには、藩主の松平春嶽《まつだいらしゅんがく》が幕府要職の政事総裁職にあったにもかかわらず、藩の征伐軍参加に強く反対し、長州も含めた諸藩が一致結束して国力を伸ばすべきとき、と大声で意見した。そのことで藩から謹慎処分を食らい、五年間にわたる蟄居生活を余儀なくされた。

この蟄居中の三岡に会いに京都から福井にまで足を運んだのは、新しい政体のありようを模索していた坂本龍馬である。

三岡の才能に目をつけた坂本は、福井の足羽川《あすわ》近くの莨屋《たばこや》旅館でふたり深夜まで延々と日本のゆく末を語り合った。そして福井藩に対しては三岡を新政府に出仕させるよう直訴する。それは、京都河原町・近江屋での坂本龍馬暗殺の半月まえだった。

新政府に出仕してのち三岡から名を改めた由利は、産業振興とそれによる収税増を図るための行政機関である商法司の設立に尽力した。

産声をあげたばかりの政府は、破綻状態の旧幕府からとりあげる財産もなく、初動から財政不安を抱えていた。そこで、中央集権制を敷いたのを機に、その商法司が全国に会所（支所）を置き、全国規模でいろんな産業と流通を活発化させて、税収の道を太くすることにしたのだった。

斬新な発想だったが、それゆえに新任官吏たちの能力が追いつかず、設立からわずか一年後の明治二年、新設された通商司に産業振興政策をバトンタッチすることになる。商法司は会計官（のちの大蔵省）の下部組織だったが、通商司は外国官から改組された外務省の一部門だった。産業振興＝外国との通商拡大という軌道修正がそうさせたのだった。この通商司はのちに、滞った融資返済のかたに築地ホテル館を接収することになる。

株式の引き受けが低調で、思うように資金を集められなかった喜助は、新政府のもとで産声をあげたその商法司に直談判して、金を借りることにした。

喜助が由利と直接、面会したという記録はないようだ。新政府の財政基盤確立で奔走していた由利だから、いくら外国むけの大きな仕事をしているとはいえ、町民である喜助と会って話す時間はなかっただろう。それに新政府拠点はこのころまだ京都に置かれていた。

だが、身分も生きる世界もまったくちがうものの、おなじ新時代の担い手としてこのときあいまみえていたとしたら、それは興味深いことだ。越前と越中、ともに北陸出身という共通項もある。

幕府政事総裁職に就任した藩主春嶽の側用人として、由利は江戸城近くにあった福井藩上屋敷に詰めていたときもあった。藩邸は、清水屋の店舗がある神田新石町からすぐ近い。また清水屋は江戸城西の丸再建に尽力したから、福井藩邸でもその名前くらい認知していたかもしれない。

ホテル建設資金集めに喜助が四苦八苦していたころ、新政府首脳のあいだでは、開国和親を諸外国に広く示す象徴として「外国使節や有力商人を宿泊させ、応接するためのホテルが必要」という意見が少しずつ勢いを持ちはじめていた。

外国要人を寺院に寄寓させたり、旅館の内装を洋風に改装してお茶を濁したりというような時代はもう終わった。外国和親を謳うならば、欧米に存在するような立派なホテルを日本にも設けていく必要がある。そういう外交、通商上の課題認識が政府内部で膨らんでいた。

だから喜助がおこなった商法司への借金請願のタイミングは、結果的に絶妙だったといえる。新政府は、築地のホテル事業への二万両の貸付をほどなく決定した。慶応四年二月、ホテル建物の骨格がだいぶ姿をあらわしてきたころのことである。その二カ月後には江戸城が無血開城した。

竣工まで半年を切ったこの段階で、協力業者への支払いや工夫の手間賃などですでに社中の借金は山ほど積みあがっていた。資金がすぐに底をつく。このままでは建物を完成させることさえ困難かもしれない。そんなタイミングでの商法司からの二万両の融資だった。喜助は、目のまえの危機からとりあえず逃れることができた。

だがその二万両も、開業後すぐにやってきた経営危機で返済のめどさえ立たなくなってしまう。

## ●たびたび延びた居留地開設

築地とは、地を築く、つまり埋め立てて造成した土地という意味である。

築地ホテル館開業よりおよそ二〇〇年まえの明暦三年（一六五七）、江戸のまちの大半を焼いた明暦大火が起きた。その復興事業として、当時は遠浅の海だった築地一帯が埋め立てられ、武家地とされた。

浅草横山町にあった西本願寺（いまの築地本願寺）もこの大火で焼失したため、築地に移転してきた。この移転再建では、造成工事で佃島の漁民たちが活躍したと伝えられる。彼らの先祖は、徳川家康の江戸開府にともなって摂津国の佃村から移住してきたひとたちで、新天地とした佃島も自ら砂洲を埋め立てて造成したのだから、この種の工事はお手のものだったのだろう。

それから二〇〇年後、築地鉄砲洲の武家屋敷と町民、漁民の住居区を整理して外国居留地が造成されることになった。ホテル館は外国居留地の付帯施設として建てられたわけだが、そもそも居留地はどのようにつくられ、どう運営されたのだろうか。

安政条約で決まった当初の江戸開市、外国居留地開設は、文久元年一二月二日（一八六二年一月一日）と期日が決定した。しかし前述したように幕末期の動乱や、土地収用で反対運動が起こるなどしたことから開設は何度も延びた。

幕府側がいろんな理屈を並べて、可能なかぎり遅らせたという見方もある。あわよくば開市を白紙撤回できないかと考える幕閣もいただろう。そうだとすると、交渉にあたっていた外国奉行連中はたまったものではない。列強側からは矢のような催促を受け、幕閣連中からはできるだけ時間を稼げと怒られる。

そのプレッシャーから体調を崩すのか、それとも将軍や老中連中が癇癪を起こしてクビにしているのか、このころの外国奉行職はめまぐるしい頻度で交代して、また再任されてを繰り返している。

計画遅延に業を煮やす新任のイギリス公使ハリー・パークスが幕府を脅して交わした居留地開設の合意文書「外国人居留地取立之事」では、慶応三年一一月一日が順守期限とされた。幕府は土俵際に追いつめられる。ホテルの躯体工事がだいぶ進んできたころのことである。

しかしこの合意も維新の政変で守られることはなかった。この一カ月まえに慶喜がいきなり大政奉還をして、右往左往していた幕閣・幕臣にしてみればとても居留地の準備どころではなかった。

すでに決まった国際合意のことだから、江戸を東京に改めた明治新政府がその計画を引き継いだ。そうして居留地がようやく開設したのは明治元年一一月一九日（一八六九年一月一日）のことだった。しかしこの開設もあくまで体裁上のことで、まだ方々で造成工事の槌音が響いていた。

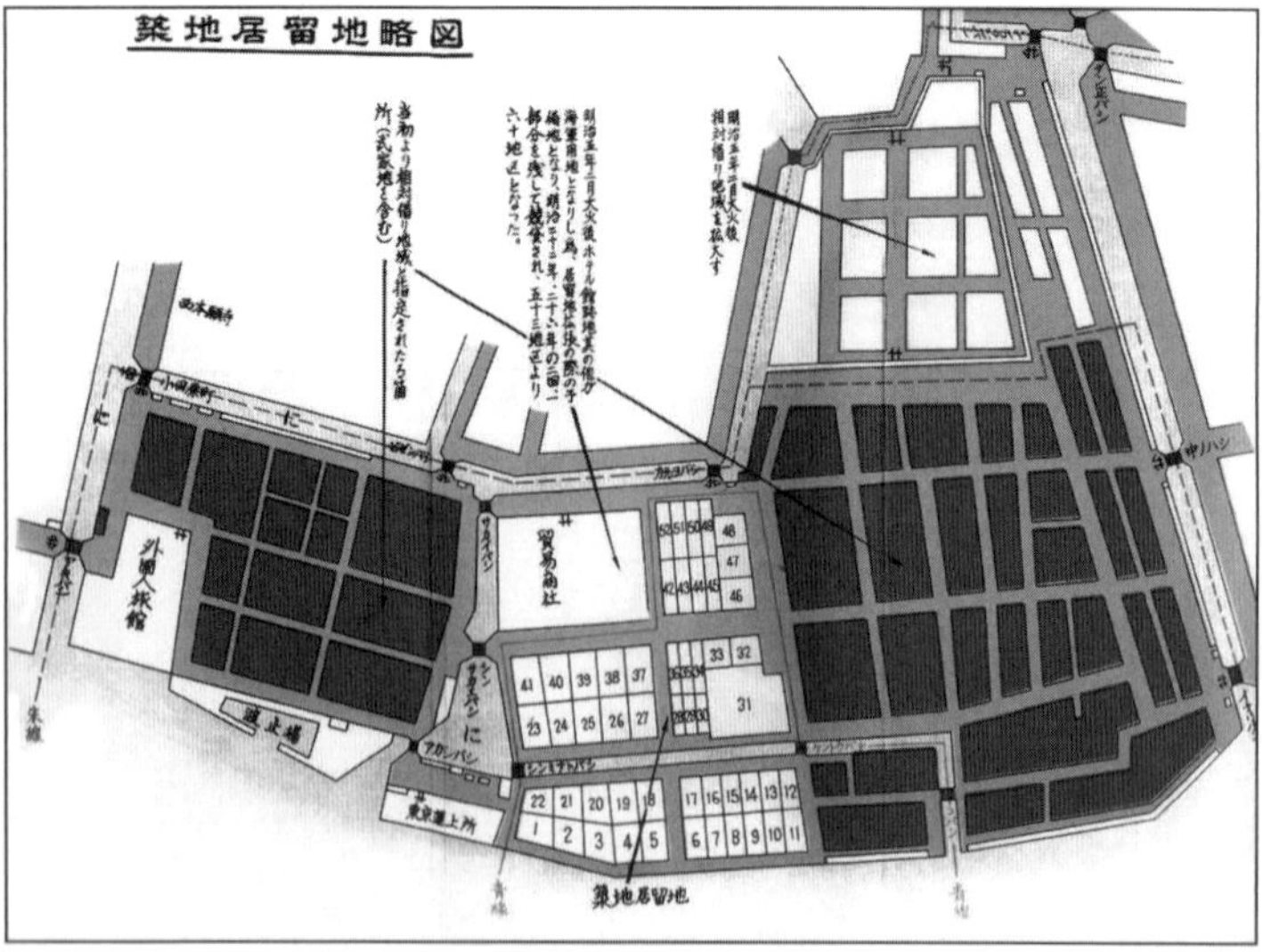


「築地外国居留地略図」（東京都「都市紀要4　築地居留地」1950年）。中央が外国人居留地の「競貸地区」、両側の黒い部分が「相対借地」。左端の「外国人旅館」が築地ホテル館。

居留地は四つの区域からなっていた。

まず、本来の外国人専用居留地であり外国公館、商社、教会などが入ることになる「競貸地区」があった。これは現在の中央区明石町一帯にあたる。

その両側に、外国人を相手とする日本人経営の商店などがならび、外国人も家を借りて住むことができた「相対借地」が広がっていた。これは現在の中央区の湊、入船、新富町一帯と、あいだに競貸地区をはさんだ築地七丁目から同三丁目にかけての一帯にあたる。さらに後者区域に隣接して築地ホテル館が設けられた。

競貸地区の面積はおよそ三万坪、相対借地の面積は両側合計でおよそ一二万坪。相対借地の入船には中国人経営の食料品店、雑貨店などが数多くあったという。

日本の開港場、開市場ではどこでも中国商人が活躍し、中国人街が形成されていった。欧米勢にとっては、長く国を閉ざしていた日本の商人だけでは必要な物資を調達することがむずかしいので、アジア中に張りめぐらされた華人ネットワークは利用価値が大きかった。

## ◉埋まったのは全区画の半分以下

明治元年にとりあえず開設したものの、造成にかなり手間どって、競貸地区で外国人が用地を確保する第一回入札がようやくおこなわれたのは、明治三年六月のことだった。

元年から築地外国居留地に拠点を移していたのは、安政条約を結んだアメリカ、イギリス、オランダの各領事館だけだった。築地ホテル館が竣工したのは慶応四年八月だから、ホテルは二年ものあいだ、ほとんど空っぽの居留地を横目に営業を続けていたことになる。

第一回入札では、全五二区画のうち契約が結ばれたのは二〇区画にとどまり、この時点で実際に建物が建ったのは一〇区画だけだったという記録がある。そののちも新築される建物の大半は外国領事館や教会、学校、病院などで、横浜から引っ越してくるはずの商会の建物はほとんどなかった。

その理由を明快に説く一文がある。イギリス人鉄道建設技師のエドモンド・ホルサムの著書『Eight Years in Japan, 1873-1881』だ。彼はこのなかで、築地居留地が商人たちに人気のなかった背景をつぎのように代弁している。

貿易港として、東京は外国人に全然見向きもされない。それというのも、築地が便利な港を控えていないからだ。もっとも近い碇泊地でも五マイルはなれた品川砲台沖である。税関や保税倉庫が築地に開設されたが、二十マイル足らずはなれているだけで、しかも鉄道や水路でつながった横浜のほうがはるかに便利であるために、せっかくのそれらの施設もほとんど利用されなかった。アメリカ領事館、一軒の商社、それにもう一軒のみずぼらしいホテルといった例外はあるが、築地居留地の建物らしい建物といえば、外国人宣教師の住居か学校か、あるいは教会ぐらいのものだ。宣教師の住居もきわめて住み心地が悪く、そして学校や教会は（つねにカトリック宣教師のそれらは除外して）、小さな見栄えのしない集会所のようなものであるにすぎず、おもちゃのノアの箱舟の上についた一家族の住み場所に似ている。

——前掲『維新の港の英人たち』より

このイギリス人技師はかなりの皮肉屋で、同著のなかで日本はけちょんけちょんにされることが多い。ちなみに文中の「もう一軒のみずぼらしいホテル」は築地ホテル館のことではなく、競貸地区にあったアメリカ人経営の小規模ホテルのことであるようだ。

海浜の湿地を埋め立てた新開地の環境もあまり褒められたものではなかった。相対借地に住んだイギリス人伝道医師ヘンリー・フォールズは、初期の居留地のようすについてこんなふうに書きとめている。

フランス軍隊のために建てられたものと思われる、ちょっと兵舎風な木造家屋を法外な家賃で手に入れることができた。そこに住んで一番困ったことは、蛙による災難である。かれらは〝太って精力絶倫〟であった。（中略）この腐敗臭が漂う葦の生い茂った沼沢地は、があがあと鳴き叫ぶ歓喜の歌声に満たされるのだ。

——同前

築地外国居留地にも運上所（税関）と船着場が設けられたが、東京は開市だけで開港していないので、海外から船で荷を直接運ぶことはできない。だから通関業務は開港場である横浜でおこなうほうが効率はよかった。

それに、水深の浅い江戸の海には大型船は入れないので品川沖で荷を積み替えなければならず、これがまた不便だ。たとえ浚渫ができたとしても、江戸城の目のまえの海に外国の大型船が乗り入れることを幕府が許すはずもなかった。

だから、横浜から築地に引っ越してくる外国商社はほとんどなかった。一方で横浜外国居留地は急成長した。前述したように横浜での輸出入額は日本全体の七〜八割を占めるまでになり、開港直後には五〇人に満たなかった居留外国人の人口は、一〇年後の明治三年には一〇〇〇人近くに膨張していた。

築地の不人気は、貿易業務の効率の悪さだけではなかった。治安への不安も大きかった。居留地開設の八年まえの万延元年（一八六一）。アメリカ公使館の通訳であるヘンリー・ヒュースケンが、三田で薩摩藩士によって斬殺される事件が起きた。

さらに、イギリス公使館が置かれていた高輪東禅寺が水戸脱藩藩士によって襲撃され、初代イギリス公使のラザフォード・オールコックが危うく難を逃れるという東禅寺事件もあった。その翌年には、薩摩藩参勤の行列の進行を妨げた乗馬のイギリス人が殺傷される生麦事件が起き、事後処理のもつれから薩英戦争が勃発した。

開市がようやく実現した明治元年にはそうした攘夷の機運は失せていたものの、維新のごたごたに乗じ、攘夷や世直しに名を借りてテロ行為に走る連中が多くいた。そんな噂は当然、横浜の居留地や海外にも伝わっていた。

そうした背景から、築地ホテル館にとって重要な顧客となるはずの外国商社とそこに出入りする外国人旅行者が、築地居留地にはほとんどやってこなかった。喜助たちにしてみれば、話がちがうと抗議したいところだが、事業主の幕府はすでに消滅してしまっている。

計画を引きとった明治新政府にしてみれば「居留地のことはすべて幕府が決めたこと」だし、政府財政基盤の確立に悪戦苦闘していて、外交課題のひとつではあるものの、ホテルのことにかまっているひまなどない。

ホテルの経営悪化に焦る喜助だったが、しかしこのころも、横浜と東京で新しい建築の仕事をつぎつぎとこなしていた。だからホテルの業績低迷がそのまま清水屋の危機につながることはなかったが、株の配当のめどはいっこうに立たず、借金の催促が矢継ぎ早だった。喜助は胃の痛む毎日を送ったことだろう。

### ●忍びよる経営危機

日本初の本格的ホテル、江戸の海を一望できる海浜の迎賓館。その開業は江戸っ子たちの話題をさらい、見物客が引きも切らずだったが、肝心の宿泊客、レストラン利用客ともその数は想定をはるかに下まわるもので、経営は悪化の一途をたどる。

自分が建てて、自分で経営する。そう大見得を切った喜助だったが、さすがに経営についてはその道のプロに任せるしかないと悟ったらしい。アーネスト・サトウの回想録のなかにこんなくだりがでてくる。

建設者側ではそのホテルを外国人に貸して経営させたかったのだが、外国人はだれもこうした建物の経営を自分の責任で引き受けようとはしなかった。そこで、私は建設者側に対し、宿泊者の勘定書などを作る会計係や、酒類や食料品の仕入れをする人間を、横浜から雇い入れるように勧めた。

建設者とは清水喜助のことでまちがいない。「外国人に貸して経営させたかった」というのは、ようやく築地外国居留地の開設がなったものの、思うように客が集まらず経営難に陥り、知識豊富な外国人で経営を引き受けてくれる者がだれかいないか、喜助が方々に相談したことを指すと考えられる。ところが経営環境の悪さは、喜助より外国人のほうがよく知るところのもので、受諾してくれる人間があらわれることはなかった。

ホテルの会計、購買事務の杜撰さを心配したサトウ自身が、喜助に専門家を雇うようアドバイスしたというくだりも興味深い。サトウはホテルの建物の出来栄えを高く評価したが、一方で、それに比例しない運営の拙さを心配していたことが、この短い記述のなかにみてとれる。

「ようやく自分たち西洋人の利用に値する待望のホテルができたというのに、このままではすぐに駄目になり、やがて消え去ってしまう」

サトウはそう危惧していたのだろう。

それは、喜助たちの経営手腕の問題だったのか、需要があまり発生しない事業環境の問題だったのか。かなりのウエートを占めたのは後者だが、おそらく前者も看過できないレベルのものだっただろう。日本人相手の旅館を営むのとはわけがちがう。

そもそも普請屋が経験のない旅館経営をやること自体に無理がある。バブル経済期、カネあまりから多くの企業が慣れない不動産事業などに手をだし、本業をも駄目にしていったのとおなじである。ゼネコンでもホテルで失敗したところがいくつかあった。

サトウの危惧はすぐに現実のものとなる。彼は回想録でこうも記している。

> 茶を飲みにホテルへ行き、そこの庭に腰を据えたが、建物がきたないので、憂鬱になった。茶五杯とマニラ葉巻一束に対して番頭が一ドルを請求したので、給仕に出た日本の少年までびっくりしていた。この子供にも、法外な請求と思われたのである。

文脈から、この「きたない建物」は日本庭園に設けていた東屋を指すと思われるが、人員削減もあって清掃がおろそかになっていたのだろう。食事つきの宿泊料が三ドルだったのだから、茶と葉巻一束で一ドルというのはやはり高すぎる。ボッタクリである。

番頭というのは支配人か、あるいはレストランの責任者かわからないが、文脈から外国人だろうと思われる。少年の給仕がびっくりするほど吹っかけないと経営がまわらなかったのか、それとも規律管理に問題があったのか……。このくだりは慶応四年初秋のホテル開業から三カ月ほど経った時点（すでに明治に改元）での記述だから、経営悪化は開業からほどなくやってきたことになる。

また、前出の写真英字新聞『The Far East』は、当時のホテルの状況をつぎのように も伝えている。スキャンダラスなフェイクニュースと思われるが、臨場感がある。

ホテルの設立者は一杯食わされて、あるひとりの投機屋によってわずかな心付け程度の値段で買収された。かれが江戸の日本商人を集めて会社を組織したので、非常に好ましくない一種の独占企業になってしまった。（中略）ホテルの日本人株主らは支配人として外国人を雇った。しかし支配人は自由に手腕をふるうことを束縛されたために、宿泊客がこうむる迷惑を取り除こうにも身動きがとれなかったのである。かつてはすてきな撞球台を二台据えつけた豪奢な大ビリヤード室や、宿泊客全体の談話室があったものだ。しかしホテルの客室は八十以上もあるが、いまではビリヤード室も普通の広さの部屋に撞球台が一台置かれただけとなり、談話室はなくなってしまった。

――『維新の港の英人たち』より

この英字紙は、ホテル経営破綻後の明治二年に再創刊し、東京ではなく横浜に拠点を置いていた外国人経営の新聞である。「投機屋にだまされてわずかな金額で買収された」というくだりは、伝聞が膨らんで誤って書かれたものだろう。ほかのどの資料にもそういう記述はみあたらない。

しかし、喜助たちの社中が外国人にまで借金をして、返済が滞った末に器物を差し押さえられたという事実は、つぎに引用する政府公文書にはっきりと示されている。いずれにしても、ホテル開業からほどなく喜助たちが経営権を失っていったのはたしかである。

## ●営業停止と払い下げ

喜助たちの社中に二万両を貸しつけた新政府の商法司は、設立の翌年に廃止されて、外務省傘下で新設された通商司に関連業務を引き継いでいた。その通商司は明治三年九月二日、ホテル営業を所管する東京府に宛てて、つぎのような書簡を送った。

ホテル館は創業から負債が膨らみ、もはや経営難に陥っています。社中は慶応四年二月に同館と貸蔵（別館のこと）四棟を担保として、当司（当時は商法司）に二万両の借入金を願いでて、同年一二月を期限に年一割の利息をもって返済するとの証書を差し入れましたが、元金はもちろん利息の返済も滞ったことで訴訟にまでおよび、東京府にはご迷惑をおかけしています。さらにホテル館当主は、外国人にまで借金をして返済が滞っていることで、器物、什器等を差し押さえられています。これは国辱ともいえることであり、その借金を当司（通商司）が肩代わりしたところ、その後さらに外国人から借金を重ねるような事態となり、借入金返済はもはや無理と判断するにいたり……

――『東京市史稿』から引用して現代語意訳

ホテル社中の融資返済能力の欠如を、強い調子で指摘した内容の公文書である。

経営を悪化させていた喜助たちは、株で集めた資金や政府からの二万両の借金だけでは運転資金が足りず、外国人にまで借金をしていた。その返済が遅れ、担保である設備や什器を差し押さえられていたというのだから、深刻きわまりない事態である。

平野弥十郎がいった喜助の「山師」ぶりがこんなところにも顔をだしてくる。それほどに困窮し、やむなくイチかバチかの借財におよんだのだろう。前記の『The Far East』の記事にあった「(築地ホテル館が) あるひとりの投機屋によってわずかな心付け程度の値段で買収された」というくだりは、この外国人による器物の差し押さえの件が誤って伝えられたものかもしれない。

この通商司の書簡送付に先立つ明治三年八月二九日、東京府は外務省に宛てて、ホテルの経営再建がもはや困難であることの事情説明の書簡を送っている。この前年に太政官制によって新設された外務省は、幕府外国奉行所と諸外国とのホテル開設に関する約定を受け継ぐ立場から、経緯を把握する必要があった。


鉄砲洲居留地にある外国人旅館の件ですが、通商司からの貸付の返済が滞っていることで、このほど同司官員・中嶋作太郎ともう一名が出張して館内を視察し、備えつけの諸道具が引き揚げられ、閉館休業状態にあることを確認いたしました。この件は今月二七日にホテル差配人付属行事（社中の事務長的立場か）から届け出があり、当府も承知しております。なお通商司は負債を肩代わりし、再建のための改革をおこなう旨、当府へ打診しておりましたが、検討を重ねたところ、営業を続けることは難しいとの判断に至ったとのこと。よって通商司としては、このたび麴町二丁目の屋敷持ちである徳次郎、ならびに武州豊嶋郡下戸塚村の喜四郎の両名に建物、設備のすべてを七万両で払い下げることを決定し……

——同前

備えつけの諸道具をあらかた引き揚げていったのは、通商司の東京府への書簡にあった、喜助が借金をした外国人なのだろう。

融資回収を断念した通商司は、ホテル施設を接収して新たな経営者を公募し、払い下げることを決定した。それに名乗りでたのが麴町の徳次郎、下戸塚村（現在の新宿区西早稲田）の喜四郎の両人である。このふたりの素性はわからないが、おそらく地主だろう。

当初予算が三万両、追加予算が膨らんで最終事業費が八万両弱にまでなったともされる豪壮な施設ではあるが、絶望的な経営環境にあるこんな不良債権を七万両で売りつけるのだから、通商司もひどいものである。

さすがに巨額なものだから、払い下げ金は分納とされ、頭金として二二〇〇両、以後は年に六〇〇〇両ずつを返済していくという契約となった。客のいないホテルで、客がいなくても発生する多額の費用を捻出しながら、毎年六〇〇〇〇両を返済していくというのはなんとも無茶な話で、このふたりの山師ぶりは喜助以上ともいえる。

両人がどういう目算で払い下げを受けたのかはわからないが、おそらくは、時代の大転換に乗じてひと儲けしようと考えた土地成金に対して、通商司が巧妙に話を持ちかけたというところではないか。たとえば、こんなふうに。

「いまは居留地に空地が多いが、新政府は外国との通商を積極的に拡大していく。東京には外国人がどんどんやってくるから、我慢していればやがて大きな利益を生むことになる」

通商拡大はやがてそのとおりになっていくのだが、しかし両人とも、それまで我慢できる道理はなかった。外国人専用ホテルの看板をおろし、日本人客も受け入れることにしていろいろと販売促進を図るのだが、営業は軌道に乗ることなく、ほどなく白旗をあげることになった。

食事つき宿泊代の三ドル＝銀九分を払える日本人はあまりいなかっただろうし、外国人旅行者が本格的に日本にやってくるようになるのは、明治三二年の条約改正による外国居留地撤廃を待たねばならなかった。

その結果、ホテルはふたたび通商司がやむなく接収することになり、民間経営に見切りをつけた政府は、勢力増強に乗りだしていた帝国海軍施設としてホテルを利用することを決定した。

大広間がふたつ、そのうえには会議に使える広間があって、授業のためのスペースに不足はない。大部屋小部屋の客室が一〇二あるのだから学寮としての使い勝手も申し分ない。物見台は操艦練習の観察に使える。前庭や日本庭園のスペースは運動場となる――。

そんな判断があったかどうか定かではないが、とにかく海軍教練施設として再利用されることになったのである。しかしその転用計画も銀座大火によって建物が全焼して無に帰し、新たに建造しなければならなくなった。

# 第7章　へこたれない喜助

## ◉つぎつぎ舞いこむ仕事

通商司がホテル経営再建は困難と判断して建物を接収し、他者へ払い下げることを決定した明治三年八月。清水屋はこのころ、横浜居留地で外国商館の一四番館以下六軒の建築を請け負っている。

さらに政府の貿易振興政策を受けて、大蔵省が発注した横浜の外国人応接所の建築も請け負った。外国人賓客や商会代表者たちを接待するためのクラブハウスで、豪華な意匠が評判となった。

この仕事ぶりを高く評価したのは、三井組の大番頭である三野村利左衛門だった。彼は、築地ホテル館の出来具合も当然のことながら確認していただろう。三井組はいちはやく両替商から銀行への脱皮を図っていたが、このあと利左衛門は、新時代を象徴する銀行建築の設計を喜助に依頼する。

つまり、あいかわらず仕事の受注は順調で、喜助はホテルの経営失敗にへこたれているひまもなかった。

築地ホテル館の経営まで引き受けてしまったことで大きな負債が残ったが、その建築の過程では、ほかの仕事では得難い貴重な経験をいろいろと積むことができた。これがかならず、今後の帝都東京を近代化していく建築事業の糧となっていく。そういう確信が喜助のなかでどんどん膨らんでいたことだろう。横浜のつぎは東京がとんでもなく忙しくなる。そうも感じていたはずだ。

振りかえってみれば義父の初代清水喜助は、焼失した三代将軍家光ゆかりの牛込高田八幡宮の楼門再建を依頼され、予算をはるかに超える良材と手間を注ぎこんだために千両箱ひとつぶんの持ちだしを余儀なくした。しかしその出来具合はたいへんな評判を呼び、その功績によって苗字帯刀を許されることになった。

仕事に打ちこむあまり先々のことを考えず、経営効率がいつのまにか置き去りになってしまう。それでいて仕事はしっかりと評価されて、つぎの大きな仕事につながっていく。

とても似たところのある義理の親子である。あるいは二代喜助も無意識のうちに、先代のそんな「損して得とれ」の思念を皮膚感覚で学びとり、新しい時代、自分の時代に遂行していったのだろうか。

## ◉横浜吉田町の店宅を売却

明治四年の九月。喜助は負債処理のため、さらに新しい仕事の受注に備えるため、横浜吉田町に構えていた店宅とその周辺に所有していた土地約八八〇坪を売却している。

大岡川派川の吉田川（現在は首都高速道路）に架かる吉田橋のすぐ脇に建つ店宅である。本館の姿が錦絵になって残っているが、二階建てで本格的な物見の塔屋も備えた瀟洒な和洋折衷の建築だった。水戸家屋敷だった建物を改築して洋風の意匠を随所に施したもので、約四三七坪の敷地にはこの本館をはじめ七棟もの建物を配していた。

洋風であり豪壮であることから近隣の住民たちはこの本館を「ホテル」と呼んでいたという。錦絵にみる築地ホテル館に似たつくりだったからだろう。平屋や軒の低い二階家しかない一帯のなかで、そびえ立つ塔屋は遠くからも目立つ存在だっただろう。

初代喜助から横浜での仕事を全面的に任されて、必死で働いて築いた自分の理想の城である。手放すのはさぞ辛かったはずだ。これらの資産を合計一万円で買ったのは、三井家惣領家八代目当主の三井八郎右衛門高福《はちろうえもんたかよし》だった。

明治四年五月一〇日（一八七一年六月二七日）制定の新貨条例で「旧一両＝新一円」とされたので、一万円は旧の一万両。築地ホテル館建築の当初予算の三分の一にすぎず、借金解消にはほど遠いが、とにかく喜助にしてみれば出資者や仕事仲間に誠意を示すことが必要だった。『清水建設百五十年』は「三井から熱望されたものか、清水が買って貰ったのかは不明」としているが、理由はその両方だったのだろう。

明治新政府の国庫出納を代行する為替方（三井組、小野組、島田組の三者）に指定されていた三井組は、多額の公金を扱う立場上、政府に対していざというときの担保能力を示さなければならなかった。だからいろんな資産を持っておく必要があった。清水家の地所購入もその一環だったはずである。

このころ三井組で現業部門の陣頭指揮をとっていたのは、清水屋に新時代の銀行建築を依頼してきた大番頭の三野村利左衛門だから、彼が清水屋の土地建物の売買にも直接かかわったのだろう。

喜助はこのあと明治七年にも横浜の相生町と住吉町（ともに横浜居留地に隣接した当時の雑居区）の土地合わせて約八五〇坪を担保として三井組から一万円を借用している。さらに同一一年にも横浜の土地と家屋を担保に合計一万円を借り入れている。

つまるところずいぶんな土地持ちだったわけだが、喜助は自分の拠りどころとしてきた横浜にそれだけ執着し、住みはじめた当初から土地を買い集めていたのだろう。ちなみに、明治一三年にはこれらの三井組からの借金は完済されたという記録が残っている。喜助の死の一年まえのことである。

### ◉婿を迎えて

横浜吉田町の店宅を三井組に売却したちょうどそのころ、喜助は長女のムメに婿を迎え、養嗣子とした。のちに三代清水満之助となる村田満之助である。満之助が二〇歳、ムメは一八歳での結婚だった。娘がふたりで、養子をとらないといけないところまで、先代と二代の喜助はどこまでも似通っている。

このとき喜助は五六歳になっていた。頑健な体を持ち気質も闊達な喜助だったが、気がついてみれば隠居してもおかしくない年齢になっていた。築地ホテル館の事後処理のめどがなんとかついて、建築の受注も順調に伸びていた。後継者を育てるにはやや遅いタイミングでもあり、家督を譲る道筋を一刻もはやくつけたかったはずだ。

満之助は、まだ一〇代なかばの慶応二年から、横浜宮川町にあった喜助の居宅に寄寓し、横浜在住イギリス人のバラーについて英語やイギリスの学問を学んでいた。

清水屋は丹後宮津藩の江戸屋敷に修繕の仕事で出入りしていたが、藩の普請奉行を務めていたのが満之助の兄の村田六蔵で、その縁から喜助が満之助を預かっていた。村田家は父親がすでに他界し、満之助とはかなり歳の離れた六蔵が家長となっていた。

宮津藩江戸藩邸で生まれた満之助は、小さいころから勉学好きで藩の給費学生に選ばれるほどだった。頭がよくて、なにごとにも冷静沈着、それでもって芯の強い満之助を喜助は可愛がった。背が高くて痩身、くっきりとした目鼻立ちの真面目そうな顔つきの若者である。

これからの建築は、西洋の学問や技術をどんどんとり入れて近代化していかなければならない。そう考えていた喜助は、建築分野の知識こそまったくないが、英語が堪能で外国事情に明るい満之助に後継で白羽の矢を立てていた。

こういう西洋に通じた存在が、次世代の普請屋にはどうしても必要になる。そんな予感を喜助はずっと抱いていたのだろう。横浜居留地での仕事で言葉や習慣のちがいに苦労し、リチャード・ブリジェンスとの役割分担ではくやしい思いもした。そういうことも影響していたはずだ。加えて、普請屋組織のあり方にも変革の必要性を感じていた。

「棟梁が普請集団を引っぱる時代はもう終わった。店の頭は、政治や経済に明るい者がやらなければ駄目だ。そして現場の仕事は、知識と技量をしっかり持った者に任せたほうがいい。そうしなければ組織を強く、大きくしていくことはできない。そういう時代になったのだ」

そういう先見を持していたようである。

宮津藩は鳥羽伏見の戦で幕府側について敗れ、恭順した。そのため維新後に藩士はたいへん苦労した。版籍奉還、廃藩置県でかつての生活基盤が根こそぎ奪われ、それぞれに自活の方策を考えなければならなくなった。武家の村田家が町民の清水家との婚姻を受け入れた背景には、そんな事情もあったはずである。

新政府樹立の直前、満之助は宮津藩から乞われ、宮津の藩校礼譲館で洋学の講義を持っていた。まだはたちまえだったが、それだけ才能が抜きんでていた。しかしすぐに藩校は廃止されたので、ふたたび横浜の清水家居宅に戻ってきていた。

満之助を婿養子にむかえたそのころ、喜助は築地ホテル館の後始末に追われながらも三井組本拠の建築に活路を求め、横浜でなく東京にいることが多かった。そこで喜助は、満之助を横浜店の責任者に据え、経営を任せることにした。

まだ若く建築の経験も知識もない人間をいきなりその座につけるのだから、無謀といえば無謀。しかし一〇代にして藩校で教鞭をとるくらいだから、満之助の才は半端でなかった。

横浜店長となったその三年後の明治七年、満之助は神奈川県営繕課定式請負人に指定され、横浜での土木・建築の業務受注を伸ばしていく。そうして東京の本店を凌駕するほどの業績をあげていく。

喜助の慧眼だった。時代の変わり目こそが大事だ。人材の登用も仕事の請け方も、そのときにどんな冒険、挑戦をしていくか。組織成長の鍵はそこにある。たとえ失敗があってもかまわない。喜助はそういう確信を抱き、自らの引退のときを探りながら、婿の活躍に目を細めていたにちがいない。

満之助が指揮するようになった明治四年、横浜店は、早矢仕有的《はやしゆうてき》らによって設立された「仮病院」(のちの十全醫院=現在の横浜市立大学附属市民総合医療センターの前身)の建築を請け負った。これは文久元年に開設された長崎養生所に次ぐ、日本で二番目に古い西洋式病院である。

その二年後には、第一国立銀行の横浜支店の建築を受注する。第一国立銀行は、喜助が三井組から請け負って日本橋に建てた豪壮な海運橋《かいうんばし》三井組ハウス(三井はこれを銀行にする計画だった)を、政府が無理やり買いあげて日本初の国立銀行として転用したものだった。その横浜支店の建築を、ふたたび清水屋が請け負ったわけである。

さらに明治一一年には、神奈川県庁の依頼で横須賀の長浦に検疫所を建てた。これは疫病流行の兆候を察した県庁による大至急の仕事で、満之助は職人たちを鼓舞し、運河掘削から検疫所竣工までわずか七日間で完了させたという。この功績を高く評価した県庁はそのあとも満之助に工事依頼を継続していった。

# 第8章　三野村利左衛門との縁《えにし》

## ◉両替商から銀行へ〜三井組の野望

喜助たちがホテルをなんとか完成させたちょうどそのころ、まだ造成が続く築地外国居留地の雑居区である相対借地では、江戸の豪商たちの出資によって、大きな貿易会社を立ちあげる動きが急となっていた。

改元直前の慶応四年九月、新政府は三井家八代目の三井八郎右衛門高福《たかよし》に対して「東京府御開市に付外国人貿易商社取締惣頭申付候」の辞令を発し、その設立事務を委任した。

この外国貿易商社は、ちょうど小栗忠順が兵庫開港に合わせて設立に動いた兵庫商社とおなじような概念、組織といえる。ただし小栗がかかわった兵庫商社が貿易で外国勢と対抗するために考えられたのに対して、この組織は貿易にかかわる金融業務を広く手がけて、外国勢力を含めた貿易全体の振興につなげることを企図していた。

つまり外国勢のライバルとなると同時に、金融面で外国勢の便宜をも図ろうというものである。外国和親、社会基盤の欧米化による富国政策遂行の第一歩といえた。

その設立実務の先頭に立ったのが、三井組大番頭の三野村利左衛門だった。三井家は、呉服業とともに両替商を代々営んでいたが、旧時代の商売から脱皮し、銀行企業として生まれ変わろうと必死にもがいていた。

新政府も、殖産興業のためには欧米式の金融システムの導入が必要不可欠と判断し、金貸しの両替商にとって代わる、産業育成の金融基盤としての銀行を設けていくことを画策していた。

両替商の三井組はそうした時勢にいちはやく反応したのだが、その経営転換戦略のシナリオを描いたのもまた三野村利左衛門だった。築地の外国貿易商社についても利左衛門自身が、政府外国事務局判事の中井弘（元薩摩藩士で鹿鳴館の名づけ親）、東京府判事兼外国掛の山口尚芳（元佐賀藩士で岩倉遣欧使節の副使）らに入念なロビー活動をおこなった結果、ゴーサインがだされることになったのだった。

この大番頭のことを、三井広報委員会編纂の社史は「幕末の三井を救った男」と表現している。

幕末のころ三井組はたいへんな経営危機にあった。財政を極度に逼迫させていた幕府は、豪商たちに何度も多額の御用金を課した。本来は借用金である御用金だが、そのかなり以前から強制的上納と化していた。さらに三井は開港から横浜に進出して両替店を設けたが、これがうまくいかず負債を膨らませていた。

この過酷な御用金の減免に立ち働いたのが、まだ三井組に入るまえの若き三野村利左衛門だった。そして、これに手を差し伸べたのが幕府勘定奉行の小栗忠順だった。

このふたりの縁《えにし》を語るには、少し年代を遡る必要がある。

三野村利左衛門

若いころは美野川利八と名乗った三野村利左衛門。その出自については謎が多い。読み書きが不得手だったので自伝のたぐいを残さなかったせいだし、出自に触れることを嫌ったということもあるだろう。
父親の関口松三郎は出羽の庄内藩

士だったが、藩内のいざこざに巻きこまれ、身分と郷里を捨てて西国を放浪した。その父親は九州・宮崎の地で利八を残して病死してしまう。天涯孤独の身となった利八はとんでもない苦労をして、まずは京都にのぼり、それから江戸までなんとかやってきた。

彼はとりあえず深川の干鰯《ほしか》問屋に小僧奉公した。幼少からの不遇の生活によって身についたものだろう、奉公先での勤めぶりは謹厳実直で主人の受けもよかった。読み書きはまったくできなかったが、どういうわけか算術にはたいへん長けていた。

その働きぶりが口から口へと伝わって、ふとした縁から駿河台の旗本小栗家に小間使いとして雇われ、やがて中間《ちゆうげん》となって立ち働く。六歳下の忠順少年は彼のことを兄のように慕い、利八もよく忠順に仕えたらしい。

利八は成人すると、神田三河町に店を構える砂糖菓子商の紀ノ国屋にみこまれて婿養子となり、妻がつくる金平糖《こんぺいとう》の行商に精をだす。細々とした商売だが真面目に働き、少しずつ貯めた資金を元手に、こんどは小さな脇両替商を営むことにした。この転職が、のちに大きな幸運を手繰り寄せることになる。

その幸運は小栗忠順がもたらしたものである。

開国してからというもの小判がどんどん海外に持ちだされる一方、メキシコ銀貨が国内に溜まったことで、日本が深刻な貨幣問題を抱えたことは前述したとおりである。

幕府はその対応策として、外貨の洋銀を混ぜて金の含有量を少なくした万延小判を大量に鋳造する万延改鋳を断行する。そして品位の高い既存の天保小判一両を、万延小判三両と一分二朱に換価するという布告をおこなう。ハイパーインフレの危険を伴うもので、現に施行後には激しい物価上昇を招くのだが、幕府としては財政の大危機を乗りきるためのやむにやまれぬ手段だった。この政策に直接かかわったのが小栗忠順だった。

小栗はあるとき、なんらかの表現でもって、改鋳と小判交換の件を事前に利八に伝えたのだろう。そのときから利八は天保小判をかたっぱしから買い集め、それを担保に本両替商から借金し、さらに小判を買い集めるという手法で、大きな利益を手にすることになる。小判を買い集めるだけで資産が三倍以上になるのである。

いまならインサイダーによる違法利益供与という話だが、利八の利殖の噂は両替商仲間のあいだにたちまち広がり、この噂が三井組の重役連中の耳にも入ることになった。

「利殖の才は大したものだ。それに、勘定奉行の小栗忠順の屋敷で奉公人として仕え、いまも顔が利くらしい。これはかなり使えるのではないか」

重役たちは、たび重なる御用金供出で陥った窮状を脱するために、彼を利用することを考えた。そして幕府に対して御用金の金額減免を訴えることにした。利八は勘定奉行である小栗に内々この件を依頼し、みごとに減免を勝ちとる。天下に名を轟かせる本両替商が、吹けば飛ぶような一介の脇両替屋に助けられたわけである。

その功績で利八は三井組に迎え入れられた。四五歳になっていた利八は、三井組本店ともいうべき三井御用所の責任者「通勤支配」にいきなり抜擢された。

三井組では、小僧奉公から仕えて出世していくのが創業時からのならわしで、利八のような中途採用での大抜擢は例外中の例外だった。おそらく古参連中の嫉妬を招き、足を引っぱられることも少なからずあったはずだ。

だが、いつ野垂れ死んでもおかしくない流浪の幼少、少年時代を送り、そこから形成された利八の胆力は強靭だった。内部の抵抗勢力などものともせず、さまざまな改革を実行して三井組の躍進を支えた。利八は、三井の「三」の字をとって三野村と姓を改め、名も利八から利左衛門とした。

## ●話題となった「海運橋三井組ハウス」

利左衛門がリーダーとなって挑戦する銀行事業進出。そのアイデアの源泉となったのは、小栗忠順がアメリカで学んできた経済システムだった。利左衛門は頻繁に小栗屋敷を訪《おとな》い、忠順と情報交換をしていた。だから欧米式金融制度の概念についても、この時点で明治新政府の重鎮連中よりも深い知識を小栗から得ていただろう。

機が熟したと判断すると、彼はすぐに築地居留地に移していた三井組本拠である御用所をふたたび移動する。移転先は海運橋（現在の東京証券取引所の近くで、日本橋川支流の楓川に架かっていた橋）にあった通商司構内の川岸だった。

さらに「御為替方御用所」の看板を用意する。じつに、ちゃっかりとして巧妙である。管轄官庁の敷地内に自分たちの本拠を移して、いかにも役所唯一のお墨つきであるかのような印象を世間に植えつける。そして、どうせなら世間をあっといわせるような豪壮な建物を建てて、その印象をさらに何倍にもしてみせようと考えた。

こうして建設が進められたのが、築地ホテル館と同様の豪壮な折衷建築である三井組御用所「海運橋三井組ハウス」で、喜助率いる清水屋が設計施工を担当した。喜助に建築を依頼したのが大番頭の利左衛門であることは、三井、清水建設の双方の記録に残る。

利左衛門は小栗忠順と親しく接していたから、もちろん小栗がからんだホテルの建築者の名前を知っていたし、喜助が横浜で建てた外国人応接所の出来栄えも彼自身、高く評価していた。

さらに喜助は文久二年、三井家守護社である向島の三囲神社の再建（安政大地震で被災）を担当しており、三井家とはこのころから縁を深めていた。利左衛門はこのときまだ三井組に迎え入れられる以前の脇両替屋の身分だったが、その縁を知ればなおさら、世間をあっといわせるための社屋建設では喜助の力を借りるしかなかった。

おそらくこの設計依頼の時点で、利左衛門の口からは、小栗の失脚と上州への移住、その地で新政府軍にとらえられて処刑されたことが喜助に伝えられただろう。

それを喜助はどんな心境で聞いたのか。日記などは残っていないので想像するしかないが、時代の大きな変節期にホテル建築という仕事で深くかかわることができたことへの感謝と、たいへんな難事に誘い入れられたことのいくばくかの恨みがない交ぜになって、胸中は複雑だったのではあるまいか。

そしてまた、眼前にいる利左衛門が少年のころからその小栗の家に仕え、独立してからも深く関わりつづけたという事実を聞いたとすれば、どんな感興を抱いただろう。

小栗忠順、三野村利左衛門、そして清水喜助。この三角形の不思議な縁はなかなかに興味深い。


喜助が設計した新都東京を代表する建築、海運橋三井組ハウスについて概要をみてみよう。

主要部分は二階建てだが、一部が五階層となって塔が屹立する。築地ホテル館と非常に似たスタイルの擬洋風木造建築だ。ベランダを持つコロニアル様式が部分的に採用されているものの、全体としては威厳にみちた、いかにもこの時代の銀行然とした建築である。

海運橋三井組ハウスを転用した第一国立銀行［清水建設提供］

外壁材は、こちらは海鼠壁《なまこ》ではなく石板張りとしている。築地ホテル館が焼失して半年ほど経ったころだが、わずか四年ほどで、それ以前には調達が難しかった石板による外壁工法が完成の域に達したわけである。

ホテルの経営失敗に落ちこむことなく、喜助は石板外壁の耐久性能、耐火性能についても研究を深めていた。横浜居留地での建築では、それがすでに急速に普及していたのかもしれない。ホテルの失敗にめげているひまなど、まったくなかった。新しい時代の東京の建築が、彼の経験を渇望していたのだ。

着工が明治四年八月、竣工は明治五年九月。ホテルと同様に工期一年でこれもまた短い。しかし客室の細かな区画がなく、水まわり設備工事の範囲も限られていただろうから、ホテル建築で得がたい経験を積んでいた清水屋としては、なんら問題なく対応できたはずだ。

築地ホテル館、そしてこの三井組ハウスは「江戸から名をかえたばかりの東京に出現したこの二作が日本の擬洋風建築の始点」であり「東京そして日本列島の文明開化の幕開けを告げる記念碑」（ともに『日本の近代建築』藤森照信著より）となったのである。

三井組ハウスの建築概要（床面積）を清水建設資料から引く。

本館
一階　一一七・〇〇坪
二階　一一三・七五坪
三階　三〇・〇〇坪
四階　三・〇〇坪
塔屋　〇・七八坪
合計　二六四・五三坪

別棟
一階　一〇六・九三坪
二階　二一・〇〇坪
合計　一二七・九三坪

客室一〇二室を抱えたホテルとちがって建築規模は小さいが、天井高は一階、二階ともに一〇メートル以上あり、いかにもこの時代の宏壮優雅な銀行建築らしい。

構造は木骨石積。蛇腹（軒や壁最上部などの帯状の突出部）、繰形（モールディング）、装飾などは漆喰製。塗屋根は青銅瓦葺き、千鳥破風の三階屋根は瓦棒葺き（金属屋根）、他の屋根は銅板錣《しころ》葺き、ベランダの柱や手摺は青銅鋳物を使用、欄干は木製で銅板被覆、窓や玄関は銅板防火扉を採用――。

千鳥破風の屋根をかぶせた三階以上のつくりは、築地ホテル館と共通したもので、喜助得意の和洋折衷が存分に表現されている。資料には、細部の意匠や使用建材が具体的に示されている。

青銅系の材料がかなり使われているが、それは、清水屋か三井かの依頼によって前出の一曜斎国輝が描いた完成記念の錦絵でもはっきりと確認できる。建物の各所に、青銅色に着色された部分が認められる。モノクロ写真では確認しえないディテールである。

「東京名所　海運橋五階造眞圖　東京三井組ハウス」と題がつけられたこの錦絵はみごたえがある。楓川の海運橋を渡って、たくさんの馬車や人力車、荷車がハウスのまえの道を行き来し、建物前面の一階・二階のベランダには、楽しそうに景色を眺める客たちのようすが描かれている。二階と三階のルーフバルコニー、最上階の物見塔にも、周囲の景色を楽しむひとたちの姿がある。

楓川は、日本橋川から現在の首都高速・江戸橋ジャンクションのところで分岐して南に流れていた川だ。一九六〇年代に埋め立てられて、いまはそこを首都高速都心環状線が走っている。

絵の左下には「版元　東京南槙町　伊勢屋兼吉」と小さくある。南槙町はいまの八重洲から京橋にかけての地名で、ここに店を構えていた伊勢屋は、新時代の東京名所の錦絵で大儲けしたようだ。

## ●出鼻をくじかれた銀行進出

三井組が銀行事業への進出を本格的に進めることになった契機は、政府が明治四年五月に制定した「新貨条例」だった。貨幣単位を「円」としてその品位、量目、種類などを統一するための条例である。

幕末から明治初期にかけての貨幣制度は混乱をきわめていた。改鋳が契機となって激烈なインフレーションが到来し、それをさらに加速させるように、維新時のどさくさにまぎれて二分銀が大量に偽造されて市中にあふれる事態となった。

幣制の問題はほかにもあった。明治になる以前に諸藩が発行していた藩札がまだ流通し、新政府が発行した太政官札があり、民部省が発行した省札があり、さらには、通商司委託による各地の為替会社が独自に発行していた金券もあった。つまり、いろんな役所や機関がてんでんばらばらに独自の紙幣を発行していて、まったく統制のとれない状態になっていた。

開国からしばらくは、公然と小判の収奪にいそしんでいた欧米勢も、開市・開港がなって本格的に貿易に打ちこむ段になると「こんな貨幣の大混乱を抱えた国では、貿易などとても不可能」とばかりに、自分たちの過去の悪辣ぶりを棚にあげ、血相を変えて日本政府に幣制の即刻是正を要求した。

そこで日本政府が決めたのが新貨条例だったのだが、新貨鋳造のために急がなければならないことは、市中にでまわっている地金銀を可能なかぎり回収する作業だった。それは大両替商から脱皮しつつある為替方の得意とするところだった。

三井組の利左衛門はこのタイミングを見逃さなかった。

政府で新貨条例を指揮したのは大蔵少輔の井上馨、大蔵権大丞の渋沢栄一だったが、このふたりに利左衛門はせっせとロビー活動をおこなった。そうして地金銀回収、新旧貨幣交換の代行業務を引き受けることに成功する。この業務では、幕末から為替方三組をなしてきた小野、島田の二組は排除され、三井組単独での受注となる。またまた利左衛門の株が急上昇したのだった。

利左衛門は間髪を入れず、さらに銀行創立と兌換券発行の願書を大蔵省に提出する。小栗忠順からさんざん吹きこまれていたであろう欧米式の民間銀行の設立を、ここで一気に実現しようという目論見である。

この願書はいったん認可される。ところがそこで突然、思いもしなかった横槍が入る。このとき、金融制度調査でアメリカに渡って帰国した大蔵少輔の伊藤博文が、イギリス式の民間銀行制度導入を提唱してきた井上馨、渋沢栄一らの計画にいちゃもんをつけた。伊藤はアメリカ式の国立銀行制度の導入を上申し、結局はこれが朝廷の支持を獲得することになった。

そのために三井組への銀行設立認可は急遽とりやめとなってしまった。反幕府勢力のリーダーたちに、幕府側にいた英才たちも加わった雑多な集団の新政府だから、つねに議論は百出し、朝令暮改もあたりまえだったのだ。

## ◉政府の「海運橋三井組ハウス」買いあげ

新時代の銀行事業にやる気満々で、そのための本拠として海運橋三井組ハウスの建築を決めていた利左衛門にしてみれば、政府による急転直下の認可白紙撤回には唖然とし、憤懣やるかたなしだっただろう。

さらに政府は国立銀行の設立にあたって、経営母体の立ちあげを複数の為替方に任せる方針を打ちだしだ。つまり三井組単独ではなく、ほかの組をも加えた共同事業体とするという決定である。

国立銀行といいながらも政府にはまだその組成力、運営力はないので民間に代行させるわけだが、三井の独占は許さないという力学が働いた結果だ。

大蔵省は、ライバルとしてしのぎを削り合ってきた三井組と小野組に、これを機に手を組むように伝え、仲介のための宴席を設けた。宴席には、このころ大阪の地で金融・商業の基盤確立に奔走していた五代友厚も同席した。

この呉越同舟を主導したのは、伊藤博文のアメリカ式国立銀行論に敗れた井上馨と渋沢栄一だった。かつて唱えていた民営銀行論はもう封印していたわけだが、これには思惑があった。

政府きっての財政通としてつねにタッグを組んでいた井上と渋沢は、強兵政策で軍部が大幅な予算増額を求めたのに対し、財政規律重視の立場でこれに真っ向から反対した。そのせいで大蔵卿の大久保利通と激しくぶつかり、ふたりそろって辞表をだしていた。

大久保は大蔵卿なのだから、本来は配下のふたりと立場をおなじくしなければならないはずだが、もとより財政には疎く、あくまで国威発揚を優先したために決定的な相克が生じたのだった。

渋沢はだから、新しくできる銀行に自分の居場所を求めるべく、熱心に三井と小野を説き伏せようとした。そして彼はやがて立ちあがる第一国立銀行の総監役に就き、三年後には頭取に就任して権勢を誇ることとなった。

三井・小野両組の共同出資によってできたこの日本初の銀行、第一国立銀行は民間の資本力に頼らなければ船出できなかった半官半民の体裁である。その点は、幕府が土地だけを無償貸与して、清水屋の責任において建てさせ、経営もさせた築地ホテル館に通じるところがある。

こうして設立が決まった第一国立銀行だが、それでは本拠をどこに置くかという問題が浮上する。日本で最初の銀行、殖産興業の旗印となっていく拠点だから、それにふさわしい威厳がなければいけない。渋沢栄一はそう考えた。

さて、と日本橋の界隈をみわたしてみれば、海運橋のたもとで、民間銀行進出を直訴した三井組がたいそう立派な建物を建てている。これだ、と狙いを定めた渋沢は、見物客が大勢押しよせていた真新しい海運橋三井組ハウスを強引に売却させ、第一国立銀行に転用することにした。三井組は、単独での民間銀行設立を阻止され、せっかく建てた豪壮な拠点建築も強奪されるというさんざんな目に遭ったわけである。

海運橋三井組ハウスから転じた第一国立銀行の建築に関して、その頭取室の椅子に座ることになった渋沢栄一は後年、こんなふうな回想をしている。

出来上がつたものを今日からみれば、或は抱腹すべきものであるかもわからぬが、当時にあつては我国に於けるもつとも最初の、しかして他に類のない銀行建築である。外観は一種の宮あるいは会堂の形の如きもので中央に高き塔の様なものがある。どういう訳だかわからぬが、それからして根のない柱がぶら下がつていた。ある人は是れは五重の塔を造る方法であると言つたが、果たしてどうであるか。

外見はとにかく立派に見えたが、間取の方は今から考えると銀行としては不適当であつたと思われるのは、事務・得意・預りと分れていたものの、大体に於て為替方・勘定方の区別がしてなかつたことである。はいからなのは、ストーブなどもあつて、とにかく一種の洋式建築である。築地の外国人ホテル、これは後に焼けたが、これによく似たところから人呼んで海運橋のホテルと言つていた。殊に滑稽なのは田舎の人がお宮と間違えて賽銭を投げるというような珍談もあつた。

——『清水建設百五十年』より引用。原文ママ

本邦初の銀行を無事に誕生させたという矜持と、専門的な立場から感じていた機能性への不満がない交ぜになった興味深い一文である。この世におれ以上の金融の知識人はいない、という自負が行間から横溢している。

設計を依頼した三井組にしても、受注した清水屋にしても、銀行建築の造作がどういうものかの判断は海外からもたらされた写真や図面類、あるいは伝聞に頼るしかなく、手探り状態での業務計画立案、設計だったはずだ。

設計を外国人に依頼すれば手間は省けたはずだが、今回は三井がそう希望したものか、喜助がぜひにと懇願したものか、外国人建築家を入れることはなかった。

パリ万博参加を目的に、徳川慶喜の実弟である徳川昭武が代表となって派遣された訪欧

使節団。これに加わってパリの銀行をつぶさにみてきた渋沢だから、業務上の必要条件を満たさない設計に不満を感じたのも当然かもしれない。「大体に於て為替方・勘定方の区別がしてなかつた」という点は、決定的な設計ミスとして彼の目に映ったのだろう。

「事前に、このおれに相談すればよかったものを」

第一国立銀行の総監役に着任した彼は建物内部のようすを眺め、きっとそう愚痴ったことだろう。海運橋三井組ハウスの設計段階では、渋沢はまだこの建物のことを具体的には知らなかった。

神社とまちがえて賽銭を投げるという話は渋沢による作話、ユーモアのような気もするがどうだろう。「根のない柱がぶら下がつていた」というのは、法隆寺五重塔など歴史的塔建築で、中心を貫く心柱が礎石上に置かれているだけで、地中に貫入していないさまをいっている。それが塔の免震機能につながり、気の遠くなるような歴史のなかで地震による倒壊をまぬかれてきた仕組みになっている。

ただ、その工法が実際に採用されていたかどうかは不明で、この渋沢翁の文章を引用している『清水建設百五十年』がこの点についてなにも触れていないところからすると、どうやら誤情報らしい。

この第一国立銀行の建物は明治三一年にとりこわされた。そのころには、東京中心部の商業建築で鉄筋コンクリート造が採用されはじめていて、新都東京の顔となった凝った擬洋風建築ながら、木造では存続がむずかしいと判断されたようだ。解体にあたって渋沢は、敷地内にあった稲荷神社と大金庫を自宅に引きとった。

## ◉第二の銀行建築「為換バンク三井組」

稀代の建築屋である清水喜助に依頼して、海運橋三井組ハウスを建て、日本でどこよりもはやく三井組が銀行経営に乗りだす——。そのシナリオは官僚の気まぐれによって、船出の直前でおしゃかになってしまった。

憤懣やるかたない利左衛門だったが、それでこころが折れるほど彼はやわではない。むしろ、単独での銀行経営をなんとしてもなし遂げたいという思いを強くして、時節の到来をじっと待つことにした。

その転機はしかしすぐにやってくる。明治四年の廃藩置県、同六年の地租改正が状況を一変させたのだ。

藩に代わって各県が置かれ、中央集権化が一気に進んだ。全国共通の収税・出納体制が敷かれるわけだが、中央政府にも急いで置かれた県にも、その体制を支えていくだけのノウハウがない。だから、為替方として大蔵省の公金取扱い業務を代行してきた三井、小野、島田らの民間力を活用することが、ここでも一番手っとりばやい策だった。この業務代行は「府県方」と呼ばれた。

銀行設立認可で三井組に遅れをとった小野組は、この分野に将来を賭け、全国三五県に出張所を設ける計画を進めていった。これに対して島田組は八県、三井組は五県にとどまっていた。三井が中央を攻めたのに対して、劣勢挽回を図る小野と島田は地方に活路を求めた。

地租改正は米などの物納を廃止してすべて貨幣で税を納めることにしたわけだが、扱う貨幣量が一気に増えたことで、府県方にとってそれが大きなビジネスチャンスにつながった。収税から府県の経費を差し引いた残りを、いまの国税局にあたる租税寮に上納するまでにはタイムラグが生じる。この預かり期間に手もとにある公金は、府県方が利殖にまわすことが認められていた。そこで各組は米や生糸の相場、鉱山経営などにどんどん投資をするようになり、大きな利益を手にしていった。

ところが、ここに小野組や島田組が破綻に追いこまれる根源があった。

いきなり倒産などして公金が消えてしまうことを防止するため、府県方は預かり高に対して相応の抵当を用意することが義務づけられていた。それはずっと「預かり高の三分の一」だったのだが、明治七年になって政府は突然「預かり高相当」とする抵当増額令をだしたのである。

これには各組があわてふためいた。とくに小野組などは、明治七年当時の総負債額七五〇万円に対して、抵当分は現金七万円、不動産・公債一一万円にすぎなかったという。あとは投機にまわしていたわけで、追加の抵当を調達することができなかった。

これを境にライバルだった小野組と島田組は一気に窮地に陥り崩壊していったが、その両組にくらべて堅実路線だった三井組は、なんとか危機を乗り越えることができた。

強力なライバルがこうして破綻し退場していったことで、実質的に銀行事業をおこなうことができるのは三井組だけになった。利左衛門は、三井家の経営陣八人を発起人に、三井組総取締役としての自分を申請者として、銀行設立願書を東京府知事・大久保一翁宛てに提出した。明治八年七月のことである。加えて、それまでの三井組の組織名称を「三井バンク」に改めた。


海運橋三井組ハウスは政府に強引に買われて第一国立銀行に転用された。そこで三井は、こんどは日本橋駿河町にあった越後屋呉服店の跡地に立派な洋館を建てることにした。ふたたび清水喜助が設計施工を手がけて明治七年二月に完成したのが、本格的な銀行事業の礎となった「為換バンク三井組」である。

為換バンク三井組［清水建設提供］

築地ホテル館の竣工が慶応四年（明治元年）八月、海運橋三井組ハウス（第一国立銀行）は明治五年九月。そしてこの為換バンク三井組が明治七年二月。喜助は五年半ほどのあいだに、新都東京の顔となるような斬新な建築を三つも建てたわけである。しかも横浜居留地での仕事も着々とこなしながら。

それは、ものすごいエネルギーといわざるをえない。ホテル経営は維新の混乱に翻弄されて失敗に終わったが、三井のふたつの銀行建築は、日本金融産業史に名を大きく刻むことになる。

まえのふたつの建築が二階建てを基本とし、その一部に四～五階層の塔建築を加えていたのに対し、為換バンク三井組の建物は最上階がやや小ぶりになっているとはいえ、完全な三階建てである。

外壁構造を、築地ホテル館が海鼠壁、海運橋三井組ハウスこと第一国立銀行が石板張りとしていたのに対して、こちらの構造は木造漆喰塗の土蔵工法である。一見、耐火性能が後退していて時代の逆行のようにも思えるのだが、「求めるもの」がちがったということだ。三階建てだと骨格に対しての荷重がかなり大きくなるので、重い石板は逆に使えなかった。耐火性能よりもむしろ、この時代にきわめて斬新で耳目を集めやすい「三階建て」を優先した結果なのである。

なにしろ民間銀行の先駆け、日本の殖産興業・経済発展の旗印となっていく建築である。世間をあっといわせて大きな話題になるものでなければならない。さらに、国立銀行として強制的に接収されてしまった海運橋三井組ハウスを超えるものでなければならなかった。それが三井の矜持だった。

ほかのふたつの建物と大きく異なるのは、三階の二重屋根の頂上にシャチホコを載せている点だ。三階建てとしたせいで、もう展望室や物見塔を置く理由がなくなったというわけだろうか。

シャチホコの大きさは高さ一四〇センチ、長さ七〇センチほど。とくに大きいというわけではないが、三階建ての頂上に倒立するシャチは、はるか遠くからも目立ったはずだ。

ちなみにホテルと海運橋三井組ハウスは、物見塔のうえに避雷針のようなものが伸びていて、そこから屋根にむけて張ったロープにたくさんの旗がはためいていた。

三階建て本館の大きさは一八メートル四方。一・二階ともに正面には大きなベランダが、東面には半円形の小さなベランダがあり、三階正面にはバルコニーがあった。建設費は五万五四〇〇円という記録が残っている。

三井組改め三井バンクの本拠となったこの建物は、日本最初の単独経営による民間銀行となった。開業当初は第一国立銀行があったため、政府は民間に「銀行」を名乗ることを許さず、仕方なく三井バンクという和洋折衷の名称を掲げた。しかしそれも二年後には改正されて、晴れて「三井銀行」を名乗ることができるようになった。

# 第9章　時代の橋わたし役を全うして

## ●渋沢栄一の肩入れ

大蔵省を辞して第一国立銀行にやってきた渋沢は、銀行の本来の役割は産業育成にあるという持論を実行に移して、数多くの会社を育成し、日本実業界のリーダー的存在となっていった。

権力闘争に敗れて大蔵省に居どころをなくした渋沢だったが、官僚でいるよりもむしろ金融・産業振興の現業世界で立ち働くほうが性に合っていた。そんな彼は、つくる建物がどれも時代の先端をいく東京のランドマークとなって、錦絵が売れまくる清水屋の将来性を確実にみとおしていた。

のちに二代清水喜助が他界して三代清水満之助の代になると、清水店（清水屋から改称）の相談役となって経営の指南をし、広範な人脈を生かして建設請負の力となった。

渋沢が昭和六年（一九三一）に九一歳で他界するまで、清水はじつに四代、六〇年の長きにわたって渋沢の援助を受けることになる。ときに融資者として、ときに相談役として、またときに自身の邸宅や社屋の建築依頼人として。

渋沢栄一は前述のように回想録で、自分が頭取室におさまることになった第一国立銀行の建物に多少のケチをつけてみせた。だがそれは、訪欧使節団の一員としてパリの銀行を研究してきた矜持がいわせたものであって、彼は喜助の仕事を高く評価していた。

「清水を今日の清水にしたのは、二代の築いた礎があるからだ」

後年よく、そう語っていたと伝えられる。


だから渋沢は、為換バンク三井組落成の三年後の明治一〇年、深川福住町に前年に購入していた屋敷を本宅として使うべく、その全面改築を喜助に依頼してきた。この本宅は生粋の伝統建築で、庭には大きな池があって運河から汽水が引きこまれていた。

母屋の改築では、檜、黒柿をふんだんに使用し、天井板には神代杉や赤桐の一枚板をぜいたくに使った。また細工物が得意だった初代喜助からの伝統を生かして、欄間の作風も非常に凝ったものとした。江戸を代表する宮大工棟梁の右腕として、初代喜助を補佐した二代喜助の腕のみせどころといえた。この豪壮な母屋は「表座敷」と呼ばれた。

喜助の力の入れようはかなりのものだった。だが、そんな執心がときに禍を招くこともあった。

それは階段の親柱の意匠だった。喜助は、一階のその親柱の柱頭に唐獅子の彫刻を置くことにして、名のある彫刻家に制作を依頼した。立派な邸宅にはそれがふさわしいと判断したのだ。

邸宅の改築工事が完了して、最後にその彫刻を親柱に据えつければすべての作業が終わるという段になり、次女真寿の婿である清水武治《たけはる》がとりつけのために邸宅を訪れた。ところが渋沢はそれを一目みるなり、ひどく機嫌を損ねてこういい放った。

「こんな大袈裟なものは必要ない。置かなくていい!」

武治は、義父喜助のその彫刻にこめた思いを必死に代弁してみるが、渋沢の不機嫌は増すばかりである。武治はついにあきらめて、むなしくその唐獅子を抱いて帰途についた。結局、親柱にはなにも装飾がつかないまま落成式を迎えることになった。

この渋沢邸は、いまの江東区永代二丁目、永代通りと隅田川から引きこんだ掘割が交差するところにあった。その場所には現在、渋沢自身が設立した澁澤倉庫の本社が入る大型オフィスビルが屹立している。

渋沢は明治二一年に兜町に本宅を移したので、それ以降はこの邸宅は別邸として使われた。その別邸の一室で、栄一の長男である渋沢篤二と寄宿していた青年たちが勉学の場としての「龍門社」を結成するが、これは現在の渋沢栄一記念財団の母体である。

兜町の日本橋川沿いに新築した本邸は、日本建築ではなく、こんどはベランダがついたベネチアン・ゴシック調の洋館だった。居宅に接待所を併設したこの建物は、財界人のサロンとしての役割も担っていた。

この施工もまた清水店が担当したが、設計は東京帝国大学教授だった辰野金吾がおこなった。このときには喜助はもちろん、そのあとを継いだ三代満之助も前年に他界し、初代喜助の次女久子の息子（二代喜助の甥）である原林之助が清水店支配人となり、まだ年少だった四代清水満之助に代わって清水店を切り盛りしていた。

深川福住の渋沢邸は、のちに芝三田綱町に移築され、栄一の孫の渋沢敬三が洋館を増築した。敬三が財産税として国に物納して以降は、大蔵大臣公邸、政府第一公邸、三田共用会議所として使用された。

この建物は、長いときを経た一九九一年、栄一の時代の書生で、孫の敬三の秘書を長く務めた杉本行雄（十和田観光開発社長、故人）に払い下げられて、青森県三沢市の古牧温泉内にある渋沢公園に移築された。杉本にとっては、師と仰いだ栄一の遺構が老朽化で消えていくことが我慢ならなかったのだろう。この移築工事を担当したのは、喜助が礎を築いた清水建設だった。

そして二〇一九年、清水建設はこの旧渋沢邸を取得し、東京都江東区潮見の研究開発施設敷地内に移築することを決めた。解体した二万点を超す部材を慎重に補修し、後世に伝えるべき貴重な遺構として保存していく。母屋の「表座敷」は、二代清水喜助が手がけた建築として現存する唯一のものである。その〝里帰り〟を喜助本人も草葉の陰でよろこんでいるはずだ。

## ◉ホテル焼失への思いとは

建築屋人生を賭けて挑んだ築地ホテル館は、東京の商業地域を焼いた明治五年二月の銀座大火で全焼してしまったわけだが、そのときの清水喜助の心中はどんなものだったのだろうか。

どんなに貴重な遺構でも最先端のハイカラ建築でも、火事で建物が消えていくことは、木造家屋が密集したこの時代の江戸・東京の宿命だった。それでも、これほどの時代転換のモニュメントが、たったの四年で消滅してしまうのはなんとも惜しい。

喜助は大きなショックを受けたはずだが、少なくとも仕事に影響するほどでなかったことは、そのあとの事業の充実ぶりからも推察できる。喜助に、いつまでもうしろを振り返っているひまなどなかった。

ひょっとしたら、喜助はサバサバしていたのかもしれない。

新時代の一大建築が消え去ってしまったことは無念だが、経営には失敗し、借金をつくって立ちいかなくなり、政府に差し押さえられるはめとなってしまった。

維新の動乱と、幕府による場あたり的な築地居留地政策、そうした環境要因が招いた不運だったとはいえ、自身にとっての〝汚点〟にはちがいない。やはり建てるだけにしておいて、経営は第三者に任せるべきだった。喜助はそう悔いてもいただろう。

負の遺産が一気に、あとかたもなく燃えてしまった。しかしそれはそれで、ひとつのけじめとなった。喜助はそんなふうにとらえていたのではないだろうか。

日本人のだれも手がけたことのなかった、外国人専用の一〇二室のホテル。それを完成させた経験とノウハウは清水屋の組織のなかにしっかり蓄積された。かけがえのない財産である。その蓄積が、新時代にふさわしいふたつの三井の銀行建築に活きることとなった。

二代清水喜助は、日記や自伝のたぐいをなにも残していない。越中の小間物屋の生まれで、小さいころから家の手伝いや大工仕事の真似をして育ったから、読み書きは苦手だったようだ。だから残念ながら、彼が築地ホテル館の焼失にどのような思いを抱いたか、その内面を知る手がかりはない。

仕事仲間である平野弥十郎がいうところの山師的な部分をどこかに持ちながらも、基本にあるのは黙々と仕事をこなす宮大工の気質だった。だから他人に自慢話をして歩くような人間でもなかった。

自慢話をするような性格であれば、第三者が喜助の言動に関するなんらかの伝聞記録を残しているはずだが、そういうものもみあたらない。進取の気質に富む男で大きな賭けもするが、日常は謹厳実直で寡黙。やはりそういう性格だったのだろう。

## ●鉄道開通と銀座煉瓦街

築地ホテル館を焼き払った大火はのちに銀座大火と名がついたが、これは銀座一帯の焼け方がとくにひどかったせいである。

幕府の銀座役所（銀座鋳造所）が慶長一七年（一六一二）年に江戸前島のこの地に移されて以来、銀座は江戸を代表する商業地としてにぎわっていた。だが、役所が蛎殻町に移転するとしだいに変容し、幕末のころには小さな木造家屋がひしめく雑多な町人地となっていた。だから、あっというまに延焼が進んだ。

しかし全域がすっかり燃えてしまったことで、かえって東京府による区画整理が容易となり、一気に銀座を火災に強いレンガ造建築のまちに変えることができた。銀座煉瓦街の登場である。その最高責任者となって計画を主導したのは、かつて三岡八郎と名乗った由利公正だった。

築地ホテル館の事業を難航させていた喜助たちに二万両を貸しつけた商法司の生みの親は、のちに太政官札の流通失敗などの責任をとってしばらく隠棲していたが、明治四年に第四代東京府知事に就任した。就任の七カ月後に起こったのが銀座大火だった。

由利は、大火発生のすぐ翌日、国政最高機関である正院《せいいん》を急いで訪《おとな》い、都市計画の近代化、不燃化を強く訴える請願をおこなった。おそらく、たび重なる火災の対策を急務として、以前からその構想を温めていたのだろう。

火災から四日目にははやくも請願が認可され、正院からさっそく、府下の家屋をレンガなど石づくりとしていくよう東京府に通達があった。じつにスピーディーな行政判断だが、できたばかりの政府の内部で、それだけ大都の中心を焼き払った大火のショックが大きかったということだろう。

とりあえず、ほぼ全域が焼け野原と化した銀座の街区がそのモデル地区となり、八月には新築する家々をレンガ造とする計画が着手された。

由利は当初、銀座の家屋すべてをレンガ造とすることには反対だった。慣れない家屋のありように、とても住民が納得しないだろうというのが理由だったが、結局、レンガ造とすることが大蔵省の一存で決まった。

銀座煉瓦街計画は一気に進んだ。都市計画をデザインしたのは、政府お雇いの外国人土木技師であるアイルランド生まれのトーマス・ウォートルスだった。まずは東海道筋（現在の中央通り）の拡幅と、その沿道の家屋の木骨レンガ造化から着手された。馬車がとおる車道と歩道を分けた日本で初の道路設計となった東海道筋拡幅では、さまざまな意見が飛び交った。

最初は道路幅を欧米並みに二五間（四五・五メートル）とする案が有力だったが、反対が相ついだ。

「いくらなんでも広すぎて、道を渡るにも苦労する。とんでもなく暮らしにくくなる」

「それがまちづくりの標準になれば、この先、東京は道路ばかりになって住む場所がなくなる」

そういう意見がしだいに支持を集めるようになって、結局は一五間（約二七メートル）に落ちついた。

街路にガス灯が灯ったのも、このときが最初だった。そうして明治七年に計画は完遂した。それまでみたこともないような広い街路を馬車が走り、両側にはレンガ建築がずらりと並ぶ。最先端の都市景観は、今日の銀座の原型となった。

ところが、レンガ家屋はやはり庶民のあいだで不人気だった。通気が悪すぎて病気になりそうだ、とひどく嫌悪された。ウォートルス設計のレンガ家屋は、日本の夏特有の高温多湿な気候を考慮していなかった。石積建築の宿命として日本家屋のように開口部を大きくとれないため、熱気と湿気がこもりやすかったのだ。

せっかくモダンに、おしゃれになったレンガ街の建物も、そのために借り手がつかず、地主は空き家対策で大いに頭を痛めることになった。対策を求める請願がつぎつぎとだされ、大蔵省は仕方なく家賃を補塡する臨時の策を講じることになった。

東京府では、銀座再生に続いてほかの焼失地域でもレンガ造化を進める計画を練っていたが、銀座での不評や予算不足もあってこれは当面、見送られることになってしまった。

時代は移った。世相は変わった。

急ぎ足で西洋の背中を追い、新時代の建築を探求してきた喜助だったが、銀座煉瓦街が姿をみせたころには還暦をすぎて、無理もきかなくなった。

銀座の広い一五間道路を馬車が甲斐甲斐しく走り、人々の歩みもひどく忙しくなった。

庶民たちは新しい東都の姿に興奮しながらも、同時に、どこかに喪失感を抱えていたことだろう。

維新のさなかは、先をみとおせない不安が江戸のまちを覆っていたが、それでも庶民の生活はまだのんびりしていた。徳川の治世が続こうが、勤皇派が牛耳ろうが、庶民にとってはどうでもよかった。しかし新政府が殖産興業、富国強兵を強く謳いだしてからは、庶民の気持ちがせかされるようになった。東京のまちの動きが目まぐるしく加速した。

明治五年九月には新橋〜横浜間に鉄道が開通した。社会基盤の西洋化に邁進する新政府は、その象徴にこの鉄道を据えた。

横浜の駅舎は居留地から大岡川を渡ったところにできた。そこを出発した列車は、平沼の入江に築かれた海上堤の線路を走り、神奈川宿の崖下をとおる。さらに海岸の内陸側をたどって川崎宿の横から六郷川橋梁を渡り、直進して品川にでたあとはふたたび海上堤を走って、やがて新橋の駅舎に滑りこむ。

リチャード・ブリジェンスは、その横浜と新橋の両方の駅舎を設計した。新時代を象徴する木骨石造の堂々とした駅舎は、こんどは和洋折衷ではなく西洋建築そのものだった。この両駅舎の設計でブリジェンスの名声は一段と高まることになった。

## ◉清水屋から清水店に

銀座のまちが大きな変貌を遂げたころ、喜助は第一線を退く決意を固めた。稼ぎ頭だった横浜店の経営を婿の満之助に任せ、自分は、為換バンク三井組が完成した翌年の明治八年、日本橋本石町に設けた新しい店宅に移った。なかば隠居だった。

満之助は神奈川県営繕課定式請負人となり、県の指定工事をつぎつぎと請け負っていった。また、初代喜助の代からの店である新石町店は、次女真寿の婿である武治が経営をみることになった。

このころ清水屋は、棟梁を頂点とした職人一家という古い体制を改め、「店員」と呼ぶ職制を採用している。それまでは、棟梁の下に支配役である肝煎が五〜六人いて職人たちをまとめるという単純な組織で、経営は棟梁の家がみていた。

しかしそれでは棟梁の負担が大きすぎるし、効率的な経営は無理ということで、店員が経営に関する業務をすべて担当することになった。いまでいえば営業と総務・経理がいっしょになったような部門で、現業部門と経営機能の分離というわけである。同時に、清水屋の屋号を清水店と改め、大工職人集団から土木建築請負店への脱皮を印象づけている。

両替商が銀行になり、豪商が商社をつくり、廻船問屋が海運会社になり、商いの世界は近代化の歩みをはやめていた。建築の世界も、いつまでも徒弟制の職人集団でいいわけがない。

このあたりの体制改革には、おそらく満之助の助言があったのだろう。満之助はこののち明治一四年に二代喜助が他界すると、ふたたび体制の大改革に着手する。それまで金銭出納を大福帳でやっていたが、英語が堪能な彼は自ら外国人について簿記を学び、洋書を参考にして日本式の複式簿記を自作した。

職制も大きく変えた。責任と権限が不明瞭だった肝煎職を廃止して場所掛に改め、その場所掛に場所（現場）ごとの収支管理や工程管理をある程度任せた。事務掛長職も置いて、店主に代わって経営事務を本格的に担当させた。

従業員の服装も大きく変わった。羽織、股引、紺足袋、草履といういでたちを背広服に改め、小僧は詰襟服を着用した。また以前は家持ちも、住みこみの若者も、おなじ釜の飯を食って現場にでていくという朝食賄いのしきたりがあったが、これも家持ちの者たちには現金支給することにした。

一〇代のなかばから、横浜の清水居宅に寄寓しながら居留地のイギリス人から教育を受けて、若くして故国・宮津藩の藩校で洋学を教えた満之助である。自分の代になったなら、古くさい徒弟制度をぜひとも一変したいという思いを、ずっと心中に宿していたのだろう。

## ◉喜助の旅立ち

幕末から明治への激動期を、時代を先どりする普請屋として走り抜いてきたのが二代清水喜助である。

日本初の本格的ホテルをつくった。日本初の銀行である第一国立銀行の建物もつくった。やがて三井銀行の本拠となる建物もつくった。横浜居留地では、外国人接待所や多くの外国商社事務所を建てた。どれもみな、新しい時代にむけての画期的で刺激的な仕事だった。

「先にいかなければ、もっと先に到達しなければ――」

そういう狂おしいまでの衝動に駆られて、喜助は仕事に打ちこんだのだろう。江戸の、東京のまちをこのおれが変えてみせる。胸中にはそんな矜持が燃えさかっていた。

その役割を終えるときがやってきた。喜助は日本橋本石町の店宅に移って隠居のときを模索した。

この店宅は、横浜のハイカラな擬洋風建築などとちがって、純和風の蔵づくり建築である。明治八年に地主の鴻池家から土地を借りて建てたもので、七棟からなる堂々とした構えだった。店舗の奥に居宅があった。あるいは隠居を目前にして、江戸の棟梁という自らの原点にもう一度立ちかえって、終の棲家の普請をものしたのかもしれない。

本石町店に明治一七年に入店した浅井長次郎は、手記にこの店宅の風情を記している。
建物は二階造の店蔵一棟、平屋錣一棟、二階造土蔵二棟、木造二階造の日本家一棟、同平家一棟で、各所連絡の木造平家共に七棟の相当規模の大なるものであった。ところで店舗の構えであるが、これは清親（明治期の浮世絵師・小林清親＝筆者注）の絵にある様な三越の前身越後屋のあの丸に越の字を染め抜いた暖簾もゆかしい店のかまえを想像すればよいわけで、昔の日本橋の山本や山形屋の海苔の店或は歌舞伎の白木屋とか浜松屋の舞台装置を想像すればよい。（中略）階上は住込の店員や小僧の宿泊所で、そこは化粧小屋で天井はなく、小屋梁は欅の巨材だったから、小僧さんたちが這い廻って遊べるほどに見事なものだった。

ただしこれは、明治一三年一月の類焼のあとに修復された店宅のようすで、喜助がすごしたころとはやや趣がちがっているはずだ。文頭の「二階造の店蔵」は、店に籍を置いていた美術学校出身の渡辺茨渚が版画に残している。立派な蔵づくりの店頭に、二台の人力車が客待ちをしていて、そのまえの広い道路を駅馬車が通過しようとしている。そういう図柄だ。

話をもとに戻せば、この本石町の店宅は明治一三年一月、近所で発生した火事で類焼する。店蔵に火が移りそうになったので、喜助はあわてて水をかぶり、火の粉が舞うなかを走って土蔵の扉を閉めた。そして老体にムチ打って屋根にのぼり、防火を指揮した。そう『清水建設百五十年』は伝える。

このころの本石町店は満之助の横浜店、武治の新石町店に続く三番目の位置づけで、喜助も半分は隠居の身だったので、店に勤める者は少なかったはずだ。それで喜助は無理をしたのかもしれない。

この時代の火消しはどこも、人力の消防ポンプである龍吐水《りゅうどすい》を備えていた。火災で店宅を何度も失った経験を持つ喜助はおそらく、そんなものも自宅に備えつけていたのではないかと想像する。

取水口を池や貯水槽に突っこんで、ふたりでシーソーのように交互に取っ手を上下させると、吐水口から水が勢いよく噴射される。その方向を屋根のうえで気丈に指揮する喜助に、凍るような水がばしゃばしゃと降りかかる。

寒のさなか、六五歳の老体が頭から水をかぶって何時間も外にいたのだから、風邪をひかないほうがおかしい。喜助はこのときから体調を崩した。

明治一三年から一四年にかけての一年間は、呪われたかのように東京の下町が頻繁に火災に見舞われた。

清水の本石町店が類焼したその年の暮れ、神田・日本橋一帯の二一八八戸、八万三〇〇〇平方メートルを焼く火災が起きた。一カ月後の明治一四年一月二六日には、明治期最大とされる「神田大火」が発生し、神田、日本橋、本所、深川の五二町、一万〇六七三戸、四二万一四〇〇平方メートルが一気に焼失した。さらに同年二月一一日には、神田と日本橋両区の七七五一戸、二九万平方メートルを焼失する大規模火災が続いた。

神も仏もないものか――。下町の住民たちは江戸のむかしから火事には慣れっ子だとはいえ、災厄のあまりの頻度に打ちひしがれた。


本石町の店宅が住めなくなったので、喜助一家はとりあえず上根岸に設けていた別宅に移り住むことにした。

別宅というよりも別荘といったほうが正しいだろうか。上野の山と、石神井川からの分流である音無川とのあいだに位置する根岸にはこの時代、のどかな田園風景が広がっていた。景色もよく閑静なので、江戸期から裕福な町人たちが別宅を置いた。

風雅を愛する文人たちも好んでこの地に住んだ。饗庭篁村、森田思軒、岡倉天心、幸田露伴らはこの地を活動の拠点として「根岸党」を名乗った。正岡子規は晩年、根岸に子規庵を置いて、結核と脊椎カリエスに苦しみながら死ぬまで創作に打ちこんだ。

崖のうえには、上野寛永寺や谷中天王寺の森が広がる。後背には田畑がつづく。神田や日本橋のような、せわしく追い立てられるような雰囲気とは無縁だし、たとえ火事があっても、建物がひしめく狭い街区を逃げ惑うような心配もない。この別宅は、喜助が仕事を忘れて素の自分に還るために設けたものかもしれない。

本石町の類焼から一年半、喜助はこの別宅でずっと床につく日々を送った。風邪をこじらせたうえに長年の無理がたたって、急速に体力と気力を失ったのだろう。

明治一四年八月九日、喜助は静かに息を引きとった。享年六五歳。

維新動乱の世を疾駆して、新時代の建築に挑みつづけた稀代の普請屋が世を去った。

## ●婿たちのこと

晩年の喜助には心配のたねもあった。それは、ふたりの婿たちのことだった。

横浜店を任せた満之助はとにかく仕事ができた。一方、新石町店の経営をみることになった武治はどうだったのか。

深川の渋沢栄一邸に、階段親柱の唐獅子の彫刻をとりつけるため訪《おとな》ったものの、渋沢が頑として同意せず、落胆のうちにそれを持ち帰った武治である。才気煥発の義兄にくらべれば、彼はどこかおっとりした性格のような印象で、それはポートレート写真の表情にもみてとれる。

義兄が横浜で神奈川県の仕事をどんどん受注して業績を伸ばしていく一方、新石町の商売を預かった武治の成績はあまりふるわず、得意先を失ってしまうこともあった。

なにかと義兄と比較されるのがいやで仕方なかったのだろう。喜助が他界して、満之助が三代清水満之助を名乗って清水家宗主となると、武治は分家を宣言する。そして新石町店の名を清水武治店と改め、横浜店、本石町店とは完全に別経営とした。

経営手腕でおくれをとる武治ではあるが、自分だって義父喜助にちゃんと認められた婿という自負がある。やけくその行動ともとれる分家宣言だったが、彼のなかでは、義兄という大きなプレシャーから逃れる術はそれしか考えつかなかったのかもしれない。

喜助に続いて、その妻ヤスが明治一六年に他界すると、三代満之助は横浜を本宅として本籍も移し、本石町店は住まい中心の別宅とした。ところが東京の武治の仕事は依然として低調なうえに、清水家全体の信用にかかわるような取引の齟齬も生じるようになっていた。

これを問題視した満之助は、別宅としていた本石町をふたたび横浜本店の支店と位置づけ、東京の仕事をも受注するようになった。東京の仕事を、婿同士が奪い合うという非常にぎくしゃくした関係となったわけである。

そういう義兄の辣腕ぶりにいよいよ嫌気がさしたのか、武治は明治一八年に突然、家督を五歳の長女きくに譲り、隠居してしまった。店も仕事も放りだしたといえる行動だったが、その胸中にはいい知れぬ懊悩を抱えていたのだろう。

妻の真寿の意向によって、きくの後見人には満之助がなり、彼が清水武治店の経営をも仕切ることになった。こうして複雑な関係が整理され、清水各店は満之助のもとでふたたび一本化された。

しかし、その安寧も長くは続かなかった。満之助が早逝したのだ。

満之助は、義父の喜助以上に、これからの日本の建築界には西洋の技術が必要不可欠という信念を持っていた。そこで、それにふさわしい技術者が必要と考え、東京帝国大学教授・辰野金吾の教え子である坂本復経《またつね》を製図場初代技師長に迎え入れた。ほどなく、彼を伴って海外視察にでかけることを決意する。

これに先立って、清水店の相談役になっていた渋沢栄一を訪ねて、洋行の計画を相談した。ところが彼は強く反対するのだった。

「いまの店の経営状況からして、店主の長期の留守は悪影響をおよぼす。やめたほうがいい。洋行に大金を投じるのも無駄だ。よしんば行くとしても、店主の君ではなく若い技術者に行かせるべきだ」

渋沢の強い口調に満之助はショックを受けた。「さすが先見の明がある」というような褒め言葉を期待していたのかもしれないが、それとは真逆の叱責だった。がっかりして引き下がるしかなかった。

しかし満之助はどうしても視察行をあきらめることができなかった。いま海を渡らなければ、時代を先どりすることができない。いま行かなければ、いつまた行けるかわからない……。満之助は決意してふたたび渋沢邸を訪ねた。そうして相談役をなんとか口説き落とした。

実現した海外視察行は、まずアメリカにわたって各都市の建築事情を視察し、建築家のダニエル・ハドソン・バーナムのもとを訪ねて教えを請うた。一八九三年開催のシカゴ万国博覧会の施設計画を指揮したバーナムは、ニューヨーク最古の摩天楼とされるフラット・アイアンビル（一九〇二年竣工）や、ワシントンDCのユニオン駅（一九〇八年竣工）の設計者としても有名である。

アメリカのあとはイギリス、フランス、ドイツをまわる八カ月間の洋行で、満之助たちが帰国したのは明治二〇年四月初旬だった。

帰国して満之助は驚いた。

洋行のあいだに清水店の業務受注は停滞し、経営がかなり悪化していた。渋沢が助言したそのとおりになっていたのだ。相談役の指摘を無視してまで強行した視察行は、欧米の最先端の建築事情をつぶさにみることができて収穫は大だったが、一方で犠牲にしたものも大きかった。

満之助は妻のムメを伴って、帰国報告のために渋沢邸を訪れた。応対した渋沢は、満之助のあまりの意気消沈ぶりにびっくりした。そしてこう叱咤激励した。

「そんな意気地のないことでどうする。おまえたち夫婦は、そんなことでは死ぬよりほかないではないか」

死ぬよりほかないではないか。それは渋沢一流のアイロニー、激励だったはずだが、この言葉はまもなく現実のものとなってしまう。

満之助は帰国からわずか半月後の四月二二日、八歳になったばかりの長男・喜三郎(四代清水満之助)を残して病気でこの世を去ってしまった。そして、仲たがいすることもあった義弟の武治もその四年後、義兄のあとを追うようにひっそりと逝った。満之助三六歳、武治三四歳でのそろっての早逝だった。

東京・谷中霊園に清水家の墓所はある。五重塔跡から近い区画で、立派な石柵に囲まれて墓石が並ぶ。中央が二代清水喜助夫妻、むかってその左が三代清水満之助夫妻、右が清水武治夫妻の墓である。

あたかも義父がとりもってふたりの婿が仲直りしたかのように、三つの墓石が寄りそっている。

# あとがき

明治維新一五〇年の節目があって、維新の志士や旧幕府側の才子にスポットライトが当たる機会が増えた。時代の大転換期に躍動した侍たちのものがたりは、とても刺激的で引きこまれてしまう。

だが、世のなかを変えたのは彼らばかりではない。政治・軍事のスペクタクルのむこう側に、商いの大転換に挑んだ情熱的な町民群像がいる。彼らは侍たちほど華々しくとりあげられることは少ないが、近代国家への脱皮の底力となり、先駆けとなる多くの偉業を残した。

本書の主人公である清水喜助や、彼に銀行建設の夢を託した三井組大番頭の三野村利左衛門もそのひとりだ。そういう群像の足跡を掘り起こしていくことを、当面の自分のテーマとしたいと考えている。今回はホテルだが、西洋料理、写真、鉄道工事などの分野も興味深い。

筆者は編集者、ライターとして長年、ホテル産業について取材をしてきた。すると当然「日本人がはじめてつくったホテルとは」というテーマにいきつき、それが築地ホテル館であることを知る。まだインターネット検索が普及していない時代だった。

幕末の江戸にできた外国人専用のコロニアル様式、和洋折衷の建築。大いに興味をそそられた。本能的に、なにか長いものを書きたいと思った。しかし類書、史料、資料を探すのだが、そんな一大モニュメントであるにもかかわらず思いのほか少ない。

建築史、ホテル産業史の関連書籍、小栗上野介忠順の評伝などに部分的に記述があるものの、ホテルの全体像をとらえた著作もみあたらなかった。それはやはり本書のなかでも触れているとおり、建築や運営に関する資料が明治期に続発した大火や関東大震災でことごとく消失していることもあり、得られえる情報が限られているためだ。また、清水喜助が図面や書類をいっさい残さない主義だったという説もある。

そんなことで長いあいだ放置したままだったが、これはやはり、ホテル産業について書くことを生業としてきた自分が一冊にまとめるしかないと決心した。だが、なかなか作業が進まない。ホテルについての記述だけでは本一冊のボリュームにほど遠い。どう書くか大いに迷い、そうして決めた。

このホテルを建てて経営責任者にもなった清水喜助の生きざまを芯として、その同心円で躍動した幕末維新の群像や世相をも描きつつ「時代の大転換」を浮かびあがらせてみよう。ホテルとは少し離れたところのエピソードもいろいろとからめて――。

稿に具体性、臨場感を与えるため、関連する多くの著作から引用させてもらった。また、清水建設からさまざまな参考文献や画像・図版データを紹介、提供していただいたうえ、歴史的建築の研究を進める設計部門の方たちからは貴重なアドバイスや考証の指摘をちょうだいし、たいへん大きな助けとなった。この場を借りて改めて深謝したい。

戦後七六年。奇跡的な経済成長があり、バブルが弾けて長期不況を経験し、誇ってきた国際競争力にも陰りがでた。大震災や感染症の厄難が続いて生活の価値観が大きく変わった。幕末や終戦直後ほどではないにせよ、日本はいまかなり大きな転換期にある。

こういうときには、激動の世に生きて時代を変えた先達たちの発想や実現力に学んで、ブレークスルーのヒントをつかむのもいいのではないだろうか。波乱の時代こそ新しい価値を生みだすチャンスだということも、幕末の町民群像は教えてくれている。

二〇二一年一〇月

永宮　和

# 参考・引用文献


『清水建設百五十年』（清水建設）
『いすか　築地ホテル館／幕末、棟梁の挑戦』（清水建設情報資料センター広報誌）
『日本のホテル産業１００年史』（木村吾郎　明石書店）
『東京市史稿　第五一』（東京都公文書館）
『東京都史紀要　四巻・築地居留地』（東京都公文書館）
『明治初期の洋風建築』（堀越三郎　丸善）
『都市の明治―路上からの建築史―』（初田亨　筑摩書房）
『一外交官の見た明治維新』（アーネスト・サトウ　坂田精一訳　岩波文庫）
『維新の港の英人たち』（ヒュー・コータッツィ　中須賀哲朗訳　中央公論社）
『日本の歴史』（井上清　岩波新書）
『小栗上野介忠順と幕末維新』（高橋敏　岩波書店）

『小栗上野介　忘れられた悲劇の幕臣』（村上泰賢　平凡社新書）
『幕末期の貨幣供給―万延二分金・銭貨を中心に―』（藤井典子　日本銀行金融研究所論文）
『銀座文化研究』一九八六年創刊号「築地ホテル周辺考」（篠原宏　銀座文化史学会）
『東京築地居留地百話』（清水正雄　冬青社）
『日本の近代建築』（藤森照信　岩波新書）
『明治の東京計画』（藤森照信　岩波現代文庫）
『平野弥十郎幕末・維新日記』（桑原真人・田中彰　北海道大学図書刊行会）
『渋沢社史データベース』（渋沢栄一記念財団情報資源センターホームページ）
『三井銀行八十年史』（三井銀行）
『三井の社史』（三井広報員会ホームページ）
『江戸東京学』（小木新造　都市出版）
『帝国ホテル百年の歩み』（帝国ホテル）
『ホテルオークラ　ホテル産業史のなかの四半世紀』（ホテルオークラ）
『近代日本とフランス　コラム 料理』（国立国会図書館・電子展示会）
『本邦初の洋食屋　自由亭と草野丈吉』（永松実　えぬ編集室）

『近代日本食文化年表』（小菅桂子　雄山閣出版）
『明治事物起源』（石井研堂　国立国会図書館デジタルコレクション）
『新訂　福翁自伝』（福沢諭吉　岩波文庫）
『古地図ライブラリー　嘉永・慶応江戸切絵図』（人文社）
『月刊下水道』（ＮＰＯ日本下水文化研究会ホームページ）

◎著者

**永宮 和**（ながみや・かず）

ノンフィクションライター、ホテル産業ジャーナリスト。1958年福井県生まれ。海外旅行専門誌編集、ホテル・レストラン専門誌副編集長を経て独立後、フリーランスとして活動。著書多数。ホテルに関連するビジネス書籍執筆のほかに、西洋料理、旅行、その他の分野の産業史研究も進めている。本名は永宮和美。

「築地《つきじ》ホテル館《かん》」物語《ものがたり》
日本初《にほんはつ》の外国人専用本格的《がいこくじんせんようほんかくてき》ホテルをつくった幕末維新《ばくまついしん》の男《おとこ》たち

●

2021年11月26日　第1刷

著者………永宮《ながみや》 和《かず》
装幀………佐々木正見
発行者………成瀬雅人
発行所………株式会社原書房

〒160-0022　東京都新宿区新宿1-25-13
電話・代表03(3354)0685
振替・00150-6-151594
http://www.harashobo.co.jp

印刷………新灯印刷株式会社
製本………東京美術紙工協業組合


**ISBN978-4-562-05969-0 Printed in Japan**

ユダヤ商人と貨幣・金融の世界史

宮崎正勝著

亡国の民となったユダヤ人が「ネットワークの民」として貨幣を操り、マイノリティながら世界の金融を動かしてこれたのはなぜか。ユダヤ商人のグローバルな活動に着目、経済の歴史の流れが一気にわかる！　２５００円

「海国」日本の歴史　世界の海から見る日本

宮崎正勝著

日本は周囲を海に囲まれた約七千の島々からなる群島国家、海国（かいこく）である。「政治の海」（黄海・東シナ海）と「経済の海」（南シナ海）という大きな視点からとらえなおす日本と東アジアの歴史。　２５００円

世界史の誕生とイスラーム

宮崎正勝著

世界史を展開する上で、地中海世界やローマ帝国に多大な影響を与えたイスラーム。著者独自の構想であり、ライフワークでもある「イスラーム・ネットワーク論」の集大成。文明と世界史の新たな視座へ！　２０００円

風が変えた世界史　モンスーン・偏西風・砂漠

宮崎正勝著

「風」をキーワードに地球規模の大気循環、風と水の動きによる乾燥と湿潤の人類文明形成への影響など、文明の転換点で大きな役割を果たした「砂漠」と「大洋」を舞台とするダイナミックな世界史像。　２４００円

北からの世界史　柔らかい黄金と北極海航路

宮崎正勝著

柔らかい黄金——ビーバー、ラッコの毛皮交易の盛衰による北方世界の視点とバイキング、ロシア、北米、北太平洋の歴史物語から見えてくる大航海時代を経て西欧世界興隆時代への世界史ネットワークの変貌。　２４００円

（価格は税別）

## パンの歴史 《「食」の図書館》
ウィリアム・ルーベル／堤理華訳

変幻自在のパンの中には、よりよい食と暮らしを追い求めてきた人類の歴史がつまっている。多くのカラー図版とともに読み解く人とパンの6千年の物語。世界中のパンで作るレシピ付。

２０００円

## カレーの歴史 《「食」の図書館》
コリーン・テイラー・セン／竹田円訳

「グローバル」という形容詞がふさわしいカレー。インド、イギリス、ヨーロッパ、南北アメリカ、アフリカ、アジア、日本など、世界中のカレーの歴史について豊富なカラー図版とともに楽しく読み解く。

２０００円

## キノコの歴史 《「食」の図書館》
シンシア・D・バーテルセン／関根光宏訳

「神の食べもの」か「悪魔の食べもの」か？　キノコ自体の平易な解説はもちろん、採集・食べ方・保存、毒殺と中毒、宗教と幻覚、現代のキノコ産業についてまで述べた、キノコと人間の文化の歴史。

２０００円

## お茶の歴史 《「食」の図書館》
ヘレン・サベリ／竹田円訳

中国、イギリス、インドの緑茶や紅茶のみならず、中央アジア、ロシア、トルコ、アフリカまで言及した、まさに「お茶の世界史」。日本茶、プラントハンター、ティーバッグ誕生秘話など、楽しい話題満載。

２０００円

## スパイスの歴史 《「食」の図書館》
フレッド・ツァラ／竹田円訳

シナモン、コショウ、トウガラシなど5つの最重要スパイスに注目し、古代～大航海時代～現代まで、食はもちろん経済、戦争、科学など、世界を動かす原動力としてのスパイスのドラマチックな歴史を描く。

２０００円

（価格は税別）

## チューリップの文化誌　《花と木の図書館》
シーリア・フィッシャー著　駒木令訳

遠い昔、中央アジアの山々でひっそりと咲いていたチューリップ。インド、中東を経てヨーロッパに伝わり、世界中で愛されるに至った波瀾万丈の歴史。政治、経済、芸術との関係や最新チューリップ事情も。　２３００円

## 菊の文化誌　《花と木の図書館》
トゥイグス・ウェイ著　春田純子訳

古代中国から現代まで、生と死を象徴する高貴な花、菊の知られざる歴史。菊をヨーロッパに運んだプラントハンターたちの秘話、浮世絵や印象派の絵画、菊と戦争、日本の菊文化ほか、菊のすべてに迫る。　２３００円

## 松の文化誌　《花と木の図書館》
ローラ・メイソン著　田口未和訳

厳しい環境にも耐えて生育する松。日本で長寿の象徴とされるように、松は世界中で、忍耐、知恵、多産等の意味をもつ特別な木だった。木材、食料、薬、接着剤、想像力の源泉……松と人間の豊かな歴史。　２３００円

## 竹の文化誌　《花と木の図書館》
スザンヌ・ルーカス著　山田美明訳

衣食住、文字の記録、楽器、工芸品…古来人間は竹と暮らし、精神的な意味をも見出してきた。現在、成長が速く環境負荷が小さい優良資源としても注目される。竹と人間が織りなす歴史と可能性を描く文化誌。　２３００円

## バラの文化誌　《花と木の図書館》
キャサリン・ホーウッド著　駒木令訳

愛とロマンスを象徴する特別な花、バラ。３５００万年前の化石から現代まで、植物学、宗教、社会、芸術ほかあらゆる面からバラと人間の豊かな歴史をたどる。世界のバラ園、香油、香水等の話題も満載。　２３００円

（価格は税別）

## 桜の文化誌　《花と木の図書館》

C・L・カーカー／M・ニューマン著　富原まさ江訳

桜の花は日本やアジア諸国では特別に愛され、西洋でも古くから果実が食されてきた。その起源、樹木としての特徴、食文化、神話と伝承、文学や絵画への影響、健康効果等、世界の桜と人間の歴史を探訪する。2400円

## カーネーションの文化誌　《花と木の図書館》

トゥイグス・ウェイ著　竹田円訳

「神の花（ディアンツス）」の名を持つカーネーション。母の日に贈られる花、メーデーの象徴とされたのはなぜか。品種改良の歴史から名画に描かれた花など、カーネーションが人類の文化に残した足跡を追う。2400円

## 柳の文化誌　《花と木の図書館》

アリソン・サイム著　駒木令訳

人類の生活のあらゆる場面に寄り添ってきた柳。古代の儀式、唐詩やシェイクスピアなどの文学、浮世絵やラファエル前派の絵画、柳細工、柳模様の皿の秘密など、実用的でありながら神秘的である柳に迫る。2400円

## ひまわりの文化誌　《花と木の図書館》

スティーヴン・A・ハリス著　伊藤はるみ訳

ひまわりとその仲間（キク科植物）はどのように世界中に広まり、観賞用、食用、薬用の植物として愛され、またゴッホをはじめ多くの芸術家を魅了してきたのか。人間とひまわりの六千年以上の歴史を探訪。2400円

## 図説　バラの博物百科

ブレント・エリオット著　内田智穂子訳

時代を彩るさまざまな美を象徴するバラ。古代から現代に至るバラと人類との関わりを、英国王立園芸協会の歴史家が、美しいボタニカル・アート（細密植物画）とともにわかりやすく紹介した博物絵巻。3800円

（価格は税別）